U0830829

图书在版编目（CIP）数据

中华典故故事 / 卫丽编译. --西安：三秦出版社，2017.9
（2018.3重印）
（中华经典国学口袋书 / 徐喜平主编）
ISBN 978-7-5518-1608-3

Ⅰ. ①中… Ⅱ. ①卫… Ⅲ. ①汉语－典故－通俗读物
Ⅳ. ①H136. 3-49

中国版本图书馆CIP数据核字（2017）第194010号

本书由甘肃纸中城邦书业有限公司授权由三秦出版社出版发行。非经甘肃纸中城邦书业有限公司书面同意，其他出版机构和个人不得以任何形式任意重制、转载。

出 品 人　支旭仲
项目策划　匡俊英　白忠平
责　　编　胡艳丽
封面设计　陈　非
版式设计　高东海
内文排版　白英华

出版发行　陕西新华出版传媒集团　三秦出版社
地　　址　西安市北大街147号
电　　话　（029）87205121
网　　址　http: / / www.sqcbs.cn

规　　格　720mm×910mm　1/32
　　　　　印张7　彩插7　字数80千字
印　　刷　西安新华印务有限公司（独家承印）
版　　次　2017年9月第1版　2018年3月第2次印刷
标准书号　ISBN 978-7-5518-1608-3
定　　价　18.00元

凡有缺页、倒页、脱页，可与工厂直接调换。电话：029-84273850

出版说明

中华文明源远流长，上下五千年，圣贤相继，英才辈出，他们殚精竭虑、呕心沥血，为后人留下了一部部经典作品。这些“经典”如同金砖玉瓦，构建成了一座金碧辉煌的殿堂，我们称之为“国学”。其内容宏富，博大精深，可谓是中华思想文明的浓缩，中国传统文化的精髓，是先贤遗留下的宝贵精神财富，值得好好传承和大力弘扬。越来越多的人们认识到其价值，读国学、诵经典的热潮正在蓬勃兴起，既有数字阅读的风生水起，更有坚守或者回归传统纸质阅读的蔚然成风。

读纸质书，无疑有着其他阅读方式所无法比拟的独特体验，一册在手，可以边读边做批注、写札记、勾画重点，也可以掩卷深思，细细品读。这种探究式阅读方式，有利于人们学习知识、启迪智慧、提升修养、提高境界，也有利于培养孩子们安静学习、锤炼思想、闻着书香做学问的良好习惯。

为了倡导全民阅读，特别是推进纸质阅读，营造爱书、品书氛围，同时考虑到当下人们的生活日趋丰富多彩且节奏加快，闲暇时间越来越碎片化，读书时间相对减少，我们从浩如烟海的国学经典中精心遴选了80部，并对书的内容作了适度精简，编辑出版了“中华经典国学口袋书”系列丛书，希望吸引更多的人回归传统阅读，重视国学经典。“口袋书”，顾名思义就是可以放在口袋里的书籍，其目的就是为读者奉献易于携带、便于翻阅、开卷有益的精神食粮。使他们于居家出行、茶余饭后，随时信手展读，含英咀华，增知怡情。

本丛书涵盖了经史子集、诗词曲赋、笔记信札、经典名句赏析，可谓贯通古今、包罗万象，能够最大限度满足各层面读者的阅读需求。书中既有对照古籍原文的“白话文”，又有介绍典故出处、时代背景、人物事迹等辅助阅读的“注释”，还配以帮助读者理解和提高的“赏析”。使对国学造诣程度各异的读者都可以做到读通、读懂，真正做到了老少皆宜、雅俗共赏。

这套书不仅在内容上编排严谨、注解精当；在外观上也充分彰显书籍之美，版式新颖，设计考究、印装精美，必定会成为您工作生活中的良师益友，带给您全新的阅读感受。

前　言

典故，就是典例故事。一般来说，凡是出现在古籍中，被后人袭用的故事或词句，都可称之为典故。在我国漫长的历史长河中，曾出现过各种各样的人物，发生过各种各样的事件，流传着无数动人的历史故事，其中一部分故事，经后人熔铸凝炼，成为诗文中经常引用的典故。这些典故比喻形象恰当，寓意深刻，言简意赅，无论在书面还是口语中，都深受人们的喜爱。

典故多源于神话传说、历史故事、古代诗文等，虽只言片语，却能形象地再现历史人物的聪明睿智，揭示深刻的人生哲理。同时，典故的表现形式多样，一个典故往往可交替使用，使语言更加生动活泼。典故的故事性更强，内涵更丰富，使广大读者在了解历史知识、美化语言和培养高尚情操的同时，更加热爱我们伟大民族灿烂悠久的文化。

中华典故源远流长，涉及面广泛，是前人留给我们的宝贵的精神文化财富。本书主要选取了一些具有积极意义、故事情节曲折、趣味浓厚的典故，如《初出茅庐》《画饼充饥》《囫囵吞枣》《空城计》《叶公好龙》等典故，使广大读者不仅可以在阅读中训练各方面的素质、技能，还可以进一步了解中国古代的历史文化。

《中华典故故事》共收录先秦至清代的典故二百余则，每则千字左右，并引用百字左右的典源，以供理解原意。故事内容用通畅的现代白话文表述，材料真实可靠，读后可以了解典故的来龙去脉及思想含义，此外本书以典故名称的汉语拼音顺序为排序方式，便于读者查阅。同时还配有大量精美的插图，尤其适合广大青少年读者阅读。

目　录

阿豺折箭

【典源】

《魏书·吐谷浑传》：阿豺有子二十人……阿豺又谓曰："汝等各奉吾一只箭，折之地下。"俄而命母弟慕利延曰："汝取一只箭折之。"慕利延折之。又曰："汝取十九只箭折之。"延不能折。阿豺曰："汝曹知否？单者易折，众则难摧，戮力一心，然后社稷可固。"

【释意】

吐谷浑的首领阿豺有二十个儿子。一天，阿豺让儿子们各自拿过一支箭来，他把每支箭都轻易地折断，扔到了地上。过了一会儿，阿豺又让他的同母弟弟慕利延也拿一支箭并把它折断。慕利延毫不费力地就折断了。阿豺又让他拿十九支箭来并同时折断。慕利延竭尽全力，怎么也折不断。阿豺总结说："你们知道了吧？单独一支容易折断，聚集起来就难以摧毁了。只有大家万众一心，同心协力，我们的江山才会牢不可破。"

【含义用法】

后世用阿豺折箭的典故说明大家团结一致，就能克服困难，取得成功。

阿　斗

【典源】

《三国志·蜀书·后主传》："后主讳禅，字公嗣，先主子也……诸葛亮虽达于为政，凡此之类，犹有未周焉。"

【释意】

刘禅是刘备的儿子，小名阿斗，是个出了名的庸碌之辈。阿斗刚刚登上皇位时有诸葛亮等旧臣全力辅佐，还可以维持下去。诸葛亮死后，蜀国越来越衰弱，朝政日益腐败，最终被魏国打败并吞并了它。

那时，魏国由司马昭专权，魏主曹奂不过虚有其名。刘禅投降魏国后，司马昭叫来刘禅对他大加训斥，然后封他为"安乐公"，赐给住宅，拨给费用，供他享乐。

刘禅开始以为司马昭要杀他，谁知反而受封，不过是离开了故都成都，迁往魏都洛阳，刘禅这才安心。第二天亲自到司马昭府里向他谢恩。司马昭设宴招待他。在宴会上，宾主一起欣赏了魏国的歌舞。原蜀国的官员很是难堪，只有刘禅看得很高兴。司马昭又让人表演蜀国的歌舞，蜀官们更是伤心落泪，

刘　备

而刘禅却嬉笑自若。司马昭也颇感叹，问他是否思念自己的故国，刘禅却认为这里很让他快乐，他一点也不留恋故乡。

【含义用法】

后人用“阿斗”的典故讥笑不争气、没出息、不能守业的人；又用“乐不思蜀”的典故形容其留恋异地，不思故土。也作“刘阿斗”“扶不起的阿斗”等。

爱妾换马

【典源】

唐李冗《独异记》：后魏曹彰性倜傥。偶逢骏马，爱之，其主所惜也。彰曰：“余有美妾可换，唯君所选。”马主因指一妓，彰遂换之。

【释意】

东汉末年，丞相曹操的第三个儿子叫曹彰，他从小不喜欢读书，而喜欢学习武艺。长大后，性格豪爽，膂力过人，擅长骑马射箭。曹操曾经训斥他说：“你不读诗书，只喜欢骑马击剑，这是匹夫之勇，将来谁看得起呢？”

而曹彰内心却认为男儿应当像卫青、霍去病（均为西汉名将）一样，率领铁骑纵横边戎，驱除鞑虏，建

功立业，这才是真正的大事业。

曹彰十分喜欢战马。他平常骑的是一匹从西域大宛国买来的汗血马，奔驰起来疾如追风。一天，曹彰带着侍从出城打猎，遇见一个年轻的猎手骑着一匹浑身雪白，没有一根杂毛的雪练白马飞驰在猎场，那猎手一箭就射中了一只野兔。曹彰上前结交，打算骑上对方的白马试试。

那猎手也是一位贵胄子弟，他看到曹彰的气派，非常人能比，忙问他的出身。得知是曹三公子，便答应让他试马。

曹彰接过缰绳，纵身跃上马背，两腿轻轻一夹，那雪练马顿时撒开四蹄，在光洁的大路上狂奔起来。他在猎场奔驰一周，回到原地后赞不绝口，认为这是世上难得一见的好马。

他想商量着买下猎手的白马，但猎手面有难色，不肯割爱。

曹彰决定不再打猎，盛情邀请猎手来到自己府中，设酒相待。席间，曹彰召来一群年轻的歌妓，一个个都长得很美，曹彰提出愿意用其中的一位美妾来与白马交换。

猎手对美貌歌妾十分动心，于是他挑选了一位最美的歌妓，以此来与白马交换。

从此，曹彰给这匹骏马取名“白鹘”，并用它取代了原来的汗血马。他曾骑着它北征乌桓，大胜而还。当他骑着“白鹘”凯旋而归时，连曹操都高兴地称赞他立了奇功。

【含义用法】

后来，“爱妾换马”这一典故用来借指马的名贵；或者形容人的倜傥风流；或者泛指宝物互相易换。

安居乐业

【典源】

《老子》第八十章：“甘其食，美其服，安其居，乐其俗。”又见《汉书·货殖传》：“各安其居而乐其业，甘其食而美其服。”此据《老子》。

【释意】

老子所处的年代正是奴隶社会向封建社会过渡的动荡时期。当时，阶级斗争非常激烈，人民不满意自己的“食”“服”“居”“俗”、不“重死”，纷纷武力反抗，一时之间，战争频频发生。

老子想象出了一个与现实相对应的世界，建立一个国小人少的社会。这个社会不讲究物质生活，不用提倡精神文明，人民没有大的智慧，满意于朴素、简单的生活条件和环境，就会使他们觉得饮食香甜，衣服美好，住宅安适，一切生活很安乐。

老子的这种想象是不符合历史发展趋势的，是一种倒退。但他的动机是反对奴隶制，反对一个阶级剥削压迫另一个阶级。从这一点来看却有着十分积极的意义。

【含义用法】

用此典故喻居有定所、乐于工作的社会安乐蓝图。

安贫乐道

【典源】

《论语·雍也》："贤哉，回也！一箪食，一瓢饮，在陋巷。人不堪其忧，回也不改其乐。"何晏"集解"引孔安国曰："颜渊乐道，虽箪食在陋巷，不改其所乐。"又见《后汉书·杨彪传》："安贫乐道，恬于进趣，三辅诸儒莫不仰慕之。"此据《论语》。

【释意】

春秋末期有一位思想家、政治家和教育家，叫孔丘，他是儒家的创始人。他提出了"己所不欲，勿施于人""己欲立而立人，己欲达而达人"等论点，即"忠恕之道"。在此基础上，他还提倡德治和教化，反对苛政和刑杀。他的学说对封建统治有维护的作用。在孔丘的学说中，劝人安贫守法是一项重要的内容。他曾提出

“不患寡而患不均，不患贫而患不安”的论点，并把这个作为标准来衡量他的学生品行的好坏。

相传，孔丘教过的学生有三千人，其中七十二位贤人最有名。在这七十二人中，有一个孔丘最为得意的弟子叫颜渊，就是一个安贫乐道的典范。颜渊，春秋末鲁国人，名回，字子渊。孔丘曾称赞他说：颜渊真是贤德啊！他虽然贫居陋巷，只有一小竹篮子干粮，一瓢水，也从来不改变自己的志向。

孔　子

【含义用法】

“安贫乐道”后来多指虽处于贫困境地，仍以守道为乐。这是剥削阶级提出的一种骗人的思想，意思是要人们安于穷苦生活，愉快地接受他们的统治。

安于故俗

【典源】

《史记·商君列传》：常人安于故俗，学者溺于所闻。以此两者居官守法可也，非所与论于法之外也。

【释意】

商鞅名公孙鞅，因是卫国人，又被称作卫鞅。因为变法有功，被封在商地，所以又被叫作商鞅。

商鞅十分擅长研究刑法。他在魏相公孙座手下当中庶子时，得到公孙座的赏识并被举荐给魏惠王，但魏惠王没有重用他。

公孙座死后，商鞅投奔秦国。秦孝公与他谈了三次以后，觉得他很有本事，便任命他为左庶长，让他制定变法的新法令。但朝廷的一些大臣不赞同商鞅的作法，他们展开了激烈的辩论。

大臣甘龙说："古代的圣人都是不改变民俗而教导他们；智慧的君主也是不变换法令而治理国家。这样不必花费很大力气，按照旧的法令办事，官吏熟悉，百姓也习惯，没有必要非变法不可。"

商鞅驳斥甘龙说："你的观点不对。平庸的人才习惯于老习俗，对于这样的人，不能与他们谈论变法、革新的道理，因为他们的思想过于保守了。三代不同礼而王，五伯不同法而霸。怎么可以不思改变？贤者智人作法更礼，而愚人不肖者不明变通，才阻拦限制实行变法！"

大夫杜挚也反对商鞅说："反正效法古人和遵循古礼是不会出现过错的。"

商鞅针锋相对，批驳他说："治理国家从来不是一成不变的，更没有一套固定的办法。商汤和周武王都没有效法古制，却得了天下；夏桀和殷纣遵循古法，却灭亡了。所以说，遵循古法也可能出错，违反古例也可能成功。”秦孝公赞同商鞅的观点，坚决地支持他改革法规。不久，商鞅制定了一套新法令，比如百姓五家为一保，十保相连；一家犯罪而九家举发，若不纠举则十家连坐；投降敌人的要斩首，私藏罪犯的要判罪；有功的封赏进爵……新的法令施行之后，效果很明显，十年之内，秦国的社会安定，山无盗贼，道不拾遗，家富人足，百姓安居乐业。秦孝公提升商鞅任大良造，商鞅又将秦国划分为三十一个县，设置县令、丞等官吏，丈量土地，统一量器，使秦国在诸侯国中称霸一时。

【含义用法】

“安于故俗”意思是安于老一套的习俗，用以形容思想保守、因循守旧、不求革新。

暗箭伤人

【典源】

《左传·隐公十一年》，又见宋·刘炎《迩言》卷六：暗箭伤人，其深次骨，人之怨之，亦必次骨，以其掩人所不备也。

【释意】

郑庄公派兵攻打许国，出征前任命颍考叔为大将，

公孙子都和瑕叔盈为副将。子都没有当上大将，心中极为不满，他内心嫉妒颍考叔，不听从他的指挥。

颍考叔作战勇猛，身先士率，杀了敌方大将数名，立了大功。许国军士抵挡不住，撤回城中，坚守不战。颍考叔命令士兵用土垒台，以便跳墙进攻取得胜利。垒台完毕，颍考叔手执武器，跳上城头，进行厮杀。正在此时，公孙子都暗中竟下毒手，对准颍考叔暗放一箭，正中背心，颍考叔滚下城来，立即身亡。瑕叔盈以为颍考叔被敌人射死了，急切率领士兵冲上城头，猛打猛攻来为他报仇。不久城被攻破，许国战败，敌兵纷纷逃亡，许庄公也扮成百姓投奔卫国去了。

【含义用法】

人们把公孙子都那种卑劣行为叫做“暗箭伤人”。后人用“暗箭伤人”比喻暗中用阴谋诡计伤害别人。

霸　道

【典源】

《史记·商君列传》：公孙鞅闻秦孝公下令国中求贤者……因孝公宠臣景监以求见孝公……景监曰：“子何以中吾君？吾君之欢甚也。”鞅曰：“吾说君以帝王之道比三代，而君曰：'久远，吾不能待。且贤君者，各及其身显名天下，安能邑邑待数十百年以成帝王乎？'故吾以强国之术说君，君大说之耳。"

【释意】

春秋战国之交，很多小国纷纷被大国吞并。宋国、鲁国虽然没被兼并，却也默默无闻，以弱国自居。越国自从勾践灭了吴国之后，慢慢地也衰败了。于是，只剩下七个大国势均力敌：齐、楚、魏、赵、韩、燕、秦，也叫“战国七雄”。自从齐威王朝见天子之后，楚、魏、赵、韩、燕五国就公推齐威王为霸主。只有秦国在西方，被中原诸侯看作戎族，它在政治、经济、文化各方面也确实比中原落后。接着又被魏国打败，夺走了河西。这种形势逼得秦国也不得不有所改革。到了秦献公的儿子秦孝公即位的时候，周显王八年（公元前 361 年），秦国开始强盛起来。新君秦孝公认为秦国已经有了些力量，就打算向中原伸张势力。他对中原各国冷落自己十分不满，便下决心一定要把秦国治理好。于是他下令广求贤能之士。

秦孝公的礼贤下士，招来了一个卫国人，叫公孙鞅，又叫卫鞅。他擅长研究刑法，曾经做过魏国相国的门客，但是没被重用。这回他到了秦国，托秦孝公的一个宠臣景监把他介绍给秦孝公。他先跟秦孝公说了一大篇道理，比如仁义道德、尧舜汤等，秦孝公不感兴趣，大打瞌睡。

第二天，秦孝公埋怨景监介绍的人太迂腐，讲的道理不切实际。景监把这话告诉了卫鞅。卫鞅请求再次拜见秦孝公。

五天之后秦孝公勉强答应接见卫鞅。这回卫鞅见了秦孝公就说："我上回说的是王道。主公要是不喜欢这个，我还有霸道呢。"秦孝公一听"霸道"，十分感兴趣地说："倒不是我反对王道，只是成效太慢，我等不急，你说说富国强兵的好办法吧。"卫鞅说："我的霸道能叫秦国马上强大起来。王道在乎顺应民情，慢慢地教导人民；霸道可不能这样，不能总是顺着他们的意思，要用力改变他们的习俗。没有见识的男女们只是得过且过地贪图眼前的好处，看不到以后的幸福。相反的，有魄力的国君眼光远大，他的计策是要顾及将来的。一般人就是不懂得这一点。他过惯了苦日子，反对改变。实行霸道就得有决心，老百姓喜欢的事情，不一定马上就做；老百姓不喜欢的事情，要做的还得做。等到改革有了成效，老百姓得到了好处，他们才会明白。"秦孝公说："只要你有富国强兵的好计策，我就想办法叫他们服从。"卫鞅说："要想富，就得发展农业；要想强，就得奖励将士；有了重赏，老百姓就能够拼命；有了重罚，老百姓就不敢犯法。有赏有罚，朝廷才有威信，一切改革也就容易进行了。"秦孝公认为他说的对。卫鞅说："不过要富国强兵，就得信任人，使他能一心一意地去干。"他要求秦孝公下定决心，考虑清楚，要干就干到底。卫鞅说到这里，就要告辞了。秦孝公说："别忙，我正听得起劲，你怎么不往下说了呢？”卫鞅故意吊秦孝公的胃口，他和秦孝公约定三天后再把计划说出来。

秦孝公急着想知道卫鞅的下文，第二天去请他。卫鞅坚持要等三天。秦孝公只好耐着性子，又挨了两天。他一听说富国强兵的霸道，就急着要试试。到了约定的日子，卫鞅就把怎么样改革秦国的计策说出来。君臣两个人一问一答，谈了三天，秦孝公忘记了吃饭和睡觉。

秦国的贵族和大臣们听说后，大加反对，他们认为这样做会损害自己的利益。秦孝公左右为难，他赞成卫鞅改革，但怕反对的人太多，自己刚即位，闹出乱子，只好把计划推迟了两年。他特意再叫大臣们议论变法。甘龙和杜挚出来反对。反对的理由是：风俗习惯是大家所熟悉的，不能改；古代的制度必须遵守，否则会亡国。卫鞅对他们说：“贤明的国君要改变风俗习惯，这样才能带来更多的方便。古代的制度也许正适合古人的需要，后来别的都改变了，以前的制度也就没有用了。成汤和武王改革了古代的制度，国家强大起来；桀王和纣王依循旧礼，却亡了国，所以不学古人也能成功，死守礼法也会亡国。古人有古人的制度，今人应当有今人的制度。要想国家强盛，就得改革制度。死守古法，难免亡国。”秦孝公十分赞同商鞅的观点，他马上就任命卫鞅为左庶长，坚决支持他变法。变法再没人反对，终于得以施行，没多久秦国就成为诸侯中的强国了。

【含义用法】

霸道，霸主成就大业的谋略。卫鞅运用谋略，步步为营，精心策划，实现了自己的政治抱负。

霸陵呵夜

【典源】

《史记·李将军列传》：（广）还至霸陵亭，霸陵尉醉，呵止广。广骑曰："故李将军。"尉曰："今将军尚不得夜行，何乃故也！"止广宿亭下。

【释意】

西汉时期的大将军李广，在与匈奴的交战中屡立奇功，声名显赫。匈奴人很怕他，称他为"汉朝的飞将军"。有一次李广战败被俘，拼命想办法逃出来，但按当时的法律是犯了大罪，该被杀头。但皇帝念他功劳大，只是罢了他的官，贬为平民，很多年都闲居在蓝田南山中。

有天夜晚，李广带了一个随从出去射猎，与人喝酒喝到深夜才回家。归途中路过霸陵亭，遇上了霸陵县尉。县尉也喝了酒，醉醺醺的。当时的规定是夜晚不准在外行走，县尉就斥令他们不许再往前走。李广的随从很不服气，就对县尉说："你知道这是谁吗？这是原来的李将军呵！"县尉却不以为然，

李广射石

他大声叫道：“就算是现任的李将军，也不能违反规定夜间行路，更何况是原来的李将军呢。”

名满天下的李广也在县尉面前毫无办法，只好与随从在霸陵亭住了一夜，第二天天亮才回家。

【含义用法】

后人用“霸陵呵夜”的典故形容人失势后受到欺凌冷遇；也用来抒写失势后的郁闷心情。

霸王别姬

【典源】

《史记·项羽本纪》：项王军垓下，兵少食尽，汉军及诸侯兵围之数重，夜间汉军四面皆楚歌，项王乃大惊曰：“汉皆已得楚乎？是何楚人之多也！”

【释意】

楚汉争夺天下，西楚霸王项羽被刘邦几十万大军围困在垓下，眼见敌军越来越多，包围越来越密，而项羽的士兵不断逃亡，项羽感到日暮途穷，十分沮丧。

夜晚来临的时候，项羽在帐中听到一阵“呜呜”的笛声随风飘来，那笛声忽高忽低，如泣如诉，好不令人凄惨！这是楚国的音乐，项羽以为楚国的土地已经全部被汉军占领了。这时，他听到兵营中传来痛哭的声音。项羽不禁叹息楚军将要灭亡了。

于是他叫来美人虞姬，项羽唱了起来："力能拔山啊气盖当世，时道不利啊骏马不奔驰。无可奈何啊无可奈何，虞姬呀虞姬，我该怎么办？"这歌声慷慨凄凉，催人泪下。虞姬也跟着反复地唱起来，唱了一会儿，虞姬无法忍受这样的痛苦，拔剑自杀。而项羽站在一旁，不停地流泪。

他的手下也都悲痛欲绝。

【含义用法】

后世以"霸王别姬"的典故形容英雄末路时的悲壮情景；又用"四面楚歌""垓下之围"等典故形容穷途受困，四面受敌，处境孤危。也作"拔山曲"。

白虹贯日

【典源】

《史记·鲁仲连邹阳列传》：昔者荆轲慕燕丹之义，白虹贯日，太子畏之。

【释意】

战国时，燕国太子丹请来了一个叫荆轲的刺客，叫他去刺杀秦始皇。一天，荆轲对太子说："为了报答太子对我的恩情，我愿意尽全力去刺杀秦王。我准备带上燕国督亢地区的地图和樊於期将军的头颅去秦国，这样，秦王必然接见我，我就可以利用这个机会杀死秦王。”

太子丹却很犹豫，认为樊将军来投奔自己，不忍心割下他的头颅。

易水壮别

等太子丹走后，荆轲私下见了樊将军，说服他自杀取得了头颅，然后用一个盒子把它装好。又在赵国购得一把锋利无比的匕首，淬上毒药。于是，荆轲带着樊将军的头颅、燕国督亢的地图和赵国匕首准备出发。

临行的那天，燕太子丹看到荆轲迟迟不肯动身，就催促他。荆轲不高兴地说：“我本想等一个朋友，但迟迟不来。既然太子催促，那我就动身吧！”说完，荆轲愤然登上车子，不辞而别。此时，太子丹发现一道白色长虹横跨在蓝天之下，他很吃惊，叹息说：“看来这次行动不能成功啊，白虹预兆不祥的事情！”

后来荆轲刺杀秦王果然没有成功，太子丹沮丧地说：“我早已经预料到了！”

【含义用法】

后世以“白虹贯日”表示不祥的征兆。

百战百胜

【典源】

《孙子·谋攻》：是故百战百胜，非善之善者也；不战而屈人之兵，善之善者也。

【释意】

《谋攻》是《孙子兵法》上卷的第三篇。主要主张用计谋来使敌军屈服。

孙武

孙武说："打仗时取胜的方法中迫使敌人全国投降是上策，起兵去攻打是下策；迫使敌人全军降服是上策，打败敌人一个军（古时以一万二千五百人为一军）就差些；迫使敌人全旅（古时以五百人为一旅）降服是上策，击破敌人一个旅就差些；迫使敌人全连降服是上策，击破敌人一个连就差些。因此，要想每次打仗都取胜，只有在交战之前，就让敌人处在一定会失败的地位才是好的方法。"

【含义用法】

"百战百胜"就是打一百次仗，胜一百次，即每战必胜。后人用这个典故比喻每战必胜，所向无敌。

【汉宫春晓图】卷 局部［清］院本 中国台北故宫博物院藏 72－1

【汉宫春晓图】卷 局部 ［清］院本 中国台北故宫博物院藏 72－1

百足之虫，死而不僵

【典源】

《三国志·魏书·武文世王公传》注：夫泉竭则流涸，根朽则叶枯；枝繁者荫根，条落者本孤。故语曰“百足之虫，至死不僵”，以扶之者众也。此言虽小，可以譬大。

【释意】

魏明帝去世以后，把幼子曹芳托付给曹爽和司马懿。可是，司马懿一直就妄图夺取曹氏江山，而曹爽又制服不了他。当时，有一个人叫曹冏，是曹氏宗室的人。他了解当时曹氏所处的境地，就给曹爽上书，论述历代皇族统治灭亡的原因，奉劝曹爽不但要同本姓的族人建立亲近的关系，而且要与异姓有才干的人建立友好的关系，这样才能有效地巩固曹氏的统治，即使有什么变故，也能维持。

曹冏劝道：“没有泉水，河流就要干涸；树根腐朽，树叶就要枯萎。枝繁叶茂，树根才能得到庇护；枝条凋零，枝干也就孤立了。所以人们常说，‘百足之虫，死而不僵’，如果虫的足多，即使死了也可以维持身体，而不倒下。这句话虽然言浅，但意味深长。”

【含义用法】

“百足之虫，死而不僵”用以比喻已经败落的事物，但在一段时期内，尚能维持某些兴旺繁荣的景象。

班荆道故

【典源】

《左传·襄公二十六年》：初，楚伍参与蔡大师子朝友，其子伍举（亦名椒举）与声子相善也。伍举获罪奔郑。将遂奔晋，声子将如晋，遇之于郑郊，班荆（以草或荆之枝叶铺地，以为坐席。班，布、铺。荆，一说谓草，一说谓木。）相与食，而言复故（指返回楚国事）。声子曰：“子行也，吾必复子。”

【释意】

伍举，又名椒举，春秋时楚国大夫，与蔡国大夫声子（即公孙归生）是好朋友。伍举的父亲伍参同声子的父亲子朝，也是好朋友。两家是世交。

伍举娶了王子牟的女儿。王子牟受封于申（楚地名，在今河南南阳县北），所以称为申公。申公犯了罪，偷偷逃跑了。当时有人谣传是伍举给他通风报信。伍举不免害怕起来，逃到邻国郑国躲藏起来。

伍举觉得在郑国不安全，准备逃到晋国。在郑国都城的郊外，遇到了出使晋国的声子，双方都出乎意料，当然非常高兴。

伍举谈了自己逃出楚国的原因、经过和今后的打算。声子听了，为他感到不平，劝伍举暂时且到晋国去住一个时期，自己再想法让他回国。

声子在晋国办完事来到楚国，楚国的“令尹”（相当于宰相）子木（即屈建）接见他，并向他了解晋国的一些情况。子木问声子晋国和楚国相比，哪一国强时，声子认为晋国有很多楚国逃去的人才。接着，声子列举了析公、雍子、子灵、贲皇等几个投奔晋国的楚国人才，指出楚国因为内政腐败，流失了很多人才，并且指出，楚国过去几次被晋国打得大败，都是由于这些人在为晋国设谋划策的缘故。子木听了，恍然大悟。声子趁此提出伍举的事，认为那完全是忌妒他的人恶意造谣，致使人才被吓走。子木当即下令，恢复伍举的名誉和爵位，又派了伍举的儿子椒鸣立刻把伍举从晋国接回。

【含义用法】

人们形容老朋友途中相逢，不拘客套礼节，自由叙谈旧情，就叫“班荆道故”。“虽楚有材，晋实用之”这句话，也有人说作“惟楚有材，晋实用之”。成语“楚材晋用”就是从这句话简化而来的，形容本国、本地、本单位的人才自己不会用，而任其外流，让外国、外地、外单位利用。也作“班荆”“班荆道旧”“感叔举”“席地班荆”等。

半部论语

【典源】

宋罗大经《鹤林玉露》卷七："太宗尝以此问普，普略不隐，对曰：'臣平生所知，诚不出此。昔以其半辅太祖定天下，今欲以其半辅陛下致太平。'"

【释意】

赵普是北宋著名的政治家。曾在赵匡胤任后周的同州、宋州节度使的时候，在赵匡胤手下担任推官和书记的职务，深得赵匡胤的赏识，被认为是十分难得的人才。

公元960年，赵匡胤以北汉和辽国联合南侵为借口，把军队带到陈桥，在赵普的协助下，发动兵变。赵匡胤黄袍加身，做了皇帝，改国号为宋。接着，赵普又辅佐宋太祖赵匡胤东征西讨，统一了全国。赵普先被任命为枢密使，后为宰相。

赵普学问不多，对政事力不从心，皇帝劝他多读书，过了不久他的学问便大有长进。赵普在宰相任上，向宋太祖提出了选拔各地精兵充当禁军，削弱地方武力，经常变换军队防地，削弱拥有重兵的大将兵权等建议，都被太祖采纳，对宋朝初期天下安定起了十分积极的作用。

宋太祖死后，他的弟弟宋太宗赵匡义继位，赵普仍为宰相，有人对宋太宗说赵普不学无术，所读之书仅一本《论语》，当宰相很不恰当。宋太宗不相信他的说法。

有一次，宋太宗和赵普闲聊，宋太宗问他是否真的只读《论语》。

赵普回答说："我平生所知道的，确实不超出《论语》这部书，以前凭借半部《论语》辅助太祖夺取天下，现在用半部《论语》辅助陛下治理天下。"

淳化三年（992），赵普辞去职位，告老还乡。宋太宗封他为魏国公。同年七月，赵普去世，家人整理他的书箱时，发现里面只有一部《论语》。

【含义用法】

后来，"半部论语"这一典故用来强调学习儒家经典的重要。也作"半部佐君王"等。

包藏祸心

【典源】

《左传·昭公元年》：小国无罪，恃实其罪。将恃大国之安靖己，而无乃包藏祸心以图之。

【释意】

春秋时期，楚国公子围（或称王子围，即后来的楚灵王）有一次访问郑国。因为楚国是南方的大国，郑国是它北邻边一个小国。郑国很想同楚国交好，郑国大夫公孙段就把女儿许配给公子围做妻子。不料楚国却想趁机派兵入侵郑，名义上是给公子围迎亲，实际上是阴谋吞并郑国。

郑国的子产（当时郑国的执政者）见楚国派兵迎亲，知道他们有其他的想法，便派子羽去婉言辞谢。说："我们郑国的都城很小，你们来迎亲的人太多，最好不要进城，就在城外举行婚礼吧。"楚国令尹（相当于宰相）派代表接见子羽，拒绝了郑国提出的建议，说："举办婚礼，不能在野外，你们不让我们进城，岂不是要叫天下人都笑话我国的地位低于你国吗？而且还将使我们的公子围犯下欺骗祖先之罪，因为他离国时，曾经恭敬地到祖庙去祭告过祖先呢！"郑国的子羽不得不直截了当，改用强硬的口气说道："国家小，不算错误；因为国家小而希图仰赖大国，自己不加防备，那才是大大的错误。我们郑国和你们楚国联姻，是想依靠你们大国来保护我们，可是你们'包藏祸心'，竟然有其他的想法，这是我们绝不能容忍的！"

楚国人见阴谋已经败露，想到郑国已有防备，只得放弃原定偷袭的计划，矢口否认有侵略的意图。但是为了面子问题，仍旧坚持要求入城，不过答应楚国迎亲的人一律倒挂弓衣和箭袋（表示弓衣箭袋都是空的，未带弓箭武器），然后入城。子产和子羽这才答应了楚国人的要求。

【含义用法】

后指内心里藏着坏主意。

抱薪救火

【典源】

《史记·魏世家》："以地事秦，譬犹抱薪救火，薪不尽，火不灭。"这就是"抱薪救火"这句成语的出处。

【释意】

战国时期，魏国在安釐王时，连续遭到秦国的侵略。安釐王元年，秦军攻占了魏国的两个城；第二年又攻占了两个城，并且进逼魏都大梁。韩国派兵去救，也被秦军打败，魏国又割让了几座城给秦国，秦国军队才算撤走了。可是第三年，秦国又发动进攻，攻占了魏国的四个城，杀死了魏军四万人；第四年，更把魏国和韩、赵两国的军队，一起打得大败，被杀伤了约十五万人，魏国的大将芒卯因此失踪。魏国的另一将领段干子建议把南阳割给秦国，以便换取秦国撤军。懦弱无能的安釐王，听从段干子的建议，向秦国再一次屈膝求和。

有个名叫苏代的，不赞成魏国的这种妥协政策。他是"合纵抗秦"的创议者和主持者苏秦的弟弟。那时苏秦已死，苏代继承他哥哥的遗志，主张联合六国，一致抵抗秦国。他对安釐王说："秦国贪得无厌，你这样牺牲领土、主权，想用柴草去救火换取和平，是办不到的。只要你的领土没完，它的贪欲就永远不会满足。这好比救火而用柴草，将柴草一把又一把地投入大火，想这样去扑灭火焰，是办不到的？你的柴草不用完，火也就永远不会熄灭！”

【含义用法】

它比喻这样的一种情况：采取了错误的办法，不但不能达到消除祸害的目的，反而使祸害更加扩大和严重了。

北窗高卧

【典源】

晋陶潜《与子俨等疏》：“见树木交荫，时鸟变声，亦复欢然有喜。尝言五六月中，北窗下卧，遇凉风暂至，自谓是羲皇上人。”

【释意】

陶渊明是东晋著名的文学家。他从二十九岁起到四十岁，由别人推荐，做过几任县令之类的小官。由于官场腐败，他不愿与之同流合污，不屑为五斗米折腰，毅然辞官回到家乡柴桑，过着躬耕自养的田园生活。

由于他家只有几十亩薄田，家中人口又多，又连遭荒年，生活很窘困。在他五十多岁的时候，生了一场大病。他自以为将不久于人世，便把五个儿子叫到病榻前，对他们说："我年轻时家境贫寒，不得不奔波谋生。可是我性情耿直，不会阿谀逢迎，如果还在做官，一定会招

渊明醉酒

来祸患，因此十多年前，我就弃官归隐。使你们小小年纪就要打柴担水，下田劳作，我的心中确实也很不好受。但我没有后悔。"

他的儿子陶俨、陶俟、陶份、陶佚、陶佟围在病榻边静静地听着。陶渊明问："你们知道东汉时的王霸吗？"

"不知道！"陶俨等一起说。

"王霸是东汉时的隐士，他高风亮节，一生不愿作官，有一次，他的老朋友子伯派儿子给他送来一封信。王霸看到朋友的儿子衣着华丽，举止文雅，而自己的儿子却蓬发赤脚，举止粗俗，心中不由产生了一种羞愧感，王霸的妻子见了，说：'你既然已立志归隐，躬耕自养，那么你儿子蓬发赤脚也是必然的。子伯虽然做了官，生活条件优裕，但怎么比得上你的清高呢？你既然不慕恋荣华富贵，自己身上盖着一件破棉袄都没有感到难为情，那么儿子蓬头赤脚又有什么好羞愧的呢？'王霸听了妻子的话，很是感动，后来终身隐居，一直没有出去做官。"

陶渊明讲完王霸的故事，又接着说："我隐居在这儿，生活虽然艰辛，但心情还是舒畅的。闲时读读书，有了收获，可以高兴得忘了吃饭；尤其是在五六月间，高卧在北窗之下，凉风习习，鸟蝉鸣叫，简直像神仙一样。我多么希望能再有机会躺到北窗下去乘凉呀！但我现在快要死了，只怕以后再也享受不到这种乐趣了！"陶渊明告诫儿子们要团结友爱，做一个道德高尚的人。

陶渊明本来以为自己不久于人世，所以才挣扎着在病榻上教子。谁知这次谈话以后，他的病奇迹般地好了起来。病好后，他把这次谈话的内容写成了历来传诵的散文名篇《与子俨等疏》。这是他留给儿子们，也是留给后人的一份宝贵的精神财富。

【含义用法】

后来，"北窗高卧"这一典故用来表示悠闲自适。"北窗叟"用来比喻闲逸自适的人。

比干剖心

【典源】

《史记·殷本纪》：纣愈淫乱不止。微子数谏不听，乃与大师、少师谋，遂去。比干曰："为人臣者，不得不以死争。"乃强谏纣。纣怒曰："吾闻圣人心有七窍。"剖比干，观其心。箕子惧，乃详狂为奴，纣又囚之。殷之大师、少师乃持其祭乐器奔周。周武王于是遂率诸侯伐纣。

【释意】

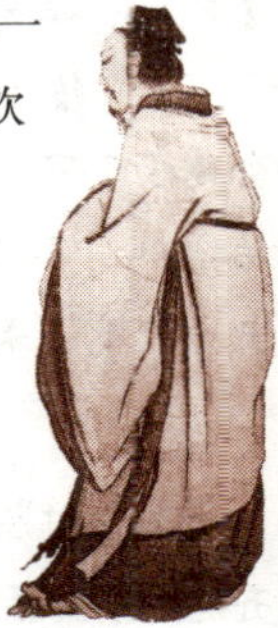
周武王

我国商朝的最后一个王叫纣。他是一个荒淫残暴的人，并且刚愎自用，不喜欢听从别人的劝告。

周武王准备讨伐殷纣王的时候，殷纣王却毫无改悔之意，越来越荒淫残暴。他同父异母的哥哥微子启多次劝谏他改掉恶习，纣王根本不听他的劝告。在这种情况下，微子就同太师、少师商议，一起到别的地方隐藏起来。纣王的叔叔比干说：“作为臣子，不能不冒死进谏。”于是，他对纣王强行劝谏。纣王大怒，说：“我听说圣人的心有七个窍，我倒要看看你的心究竟有几个窟窿！”于是就杀死比干，取出心来观赏。纣王的堂兄弟箕子惊恐不安，只好装疯卖傻，但纣王还是把他囚禁了起来。殷朝内部人人自危，大臣、大师和少师就偷偷地拿走太庙里的祭器投奔了周武王。于是，周武王开始率领诸侯军，大举讨伐殷纣王。

【含义用法】

“比干剖心”就是从这个故事来的。人们用这个典故，比喻忠臣被害。也作“比干谏”“剖心比干”“七窍比干”等。

鞭长莫及

【典源】

《左传·宣公十五年》：十五年春，公孙归父会楚子于宋。宋人使乐婴齐告急于晋。晋侯欲救之。伯宗曰："不可。古人有言曰：'虽鞭之长，不及马腹。'天方授楚，未可与争。虽晋之强，能违天乎？"

【释意】

春秋时期，楚庄王要派申舟出使齐国，从楚国到齐国必须要经过宋国。但楚庄王没有把宋国放在眼里，因此叫申舟不必事先通知宋国，想等到了之后直接要求借道，以此来显示楚国的威风。楚庄王还对申舟说："宋国人如果敢杀你，我就立刻带兵去讨伐他们，为你报仇。"

申舟经过宋国时，果然被扣留了。宋国大夫华元对国君宋文公说："楚国使者太无礼！经过我们的国土却不通知我们借道，根本没有把我们宋国看在眼里，实在令人难以容忍，如果杀了楚国的使者，楚王一定会发兵讨伐我们。我们宁可战败而亡，也不能受此屈辱！"于是就杀了申舟。

楚庄王听说申舟被杀，立刻发兵进攻宋国。宋国军队早有准备，楚军攻打宋国几个月都没能取胜，双方相持不下。这时，宋国派大夫乐婴齐去晋国求救兵。晋景公想出兵援救，但大夫伯宗不希望得罪楚国。他对晋景公说："古语说，马鞭子纵然长，也不能去打马肚子，宋国离我们那么远，我们哪里管得着宋国的事呢？最好是暂不出兵。"晋景公听从了伯宗的意见，没有出兵，只派了一位大夫去宋国敷衍了一番，没有给予任何实质性的援助。

【含义用法】

后人用"鞭长莫及"的典故比喻力量难于达到的地方，或指虽有力量却也很难周到地顾及所有方面。

病从口入，祸从口出

【典源】

《太平御览·人事·口》：福生有兆，祸来有端。情莫多妄，口莫多言。蚁孔溃河，溜沉倾山。病从口入，祸从口出。

【释意】

宋代太平兴国二年，宋太宗命李昉等人编撰《太平御览》一书，历时七年写成，共一千卷。这本书引用材料十分丰富，保存了许多原始资料。其中一处这样写到："福气的到来是有征兆的，祸害的到来也有它的缘由。不要放纵自己的情感做不适当的事情，也不要放松自己的嘴而多说没用的话。小小的蚁穴能使河堤崩溃，小股的水流能够冲倒高山。疾病是由于饮食不慎引起的。灾祸是因为说话过多不妥招来的。”

【含义用法】

“病从口入，祸从口出”就是从这个故事来的。意指疾病是由于饮食不慎引起的，灾祸是因为语言不妥招来的。人们把它作为处世的格言。

伯牙鼓琴

【典源】

《列子·汤问》：“伯牙鼓琴，志在高山，钟子期曰：‘善哉，峨峨兮若泰山！’志在流水，曰：‘善哉，洋洋兮若江河！’”

【释意】

春秋时期，俞伯牙和钟子期是一对好朋友。俞伯牙喜欢弹琴，钟子期有很高的音乐欣赏能力，两人经常在一起研究探讨音乐。

一天，俞伯牙听说成连先生的琴艺十分高明，是全国最有名的琴师，便对钟子期说：“我想去拜成连先生为师，学习琴艺，你看怎么样？”

钟子期很支持他。于是，俞伯牙经过长途跋涉，来到成连先生家中，虚心地拜成连先生为师。一晃三年，俞伯牙的演奏技巧有了很大提高，但他还是没有能够达到得心应手地抒发自己的思想感情和创作新乐曲的高度。有一天，成连先生对俞伯牙说：

“伯牙，我的琴艺你已学得差不多了，我已无法再教你什么了。我有一位老师，住在东海，我带你去向他请教，帮助你进一步提高吧！”

伯牙高兴地答应了。

他们驾舟来到东海蓬莱山。成连先生让伯牙先上了岸，说自己去请老师，便驾着小舟走了。伯牙一个人等在山上，面对浩瀚的大海，倾听着海浪澎湃的涛声，不由得心潮起伏，涌起了无限的创作激情。他摆好琴，把全部感情都倾注到琴弦上，谱写了一曲《高山流水》。他觉得，在这短短的时间里，自己的收获大极了。就在这时，成连先生把船撑了回来，一上岸，就向伯牙热烈祝贺。伯牙这才恍然大悟，明白是先生故意把自己留在岸上，让大自然这位教师来教自己的。成连先生听了伯牙的《高山流水》，说：“现在你已经是天下最好的琴师了！”伯牙向成连先生道了谢，回到了自己家中。钟子期听说伯牙学成归来，十分高兴，前来看望他，问他收获大不大，伯牙说：“我收获如何，弹一曲给你听，你就知道了。”于是，伯牙弹起了《高山流水》。当伯牙弹着“高山”那几章的时候，钟子期听了，

伯牙鼓琴

说："太好了！简直像巍峨的高山屹立在眼前！"接着，伯牙又弹"流水"那几章的时候，钟子期又说："妙极了！这琴声宛如奔腾不息的流水！"过了些日子，钟子期不幸死了。俞伯牙得知这一噩耗，伤心得把自己心爱的琴都摔碎了，悲痛地说："知音不在人世，我还弹什么琴呢！"

【含义用法】

后来，"伯牙鼓琴"这一典故用来比喻乐曲高妙，或者朋友知己心心相印。也作"伯牙琴""伯牙曲""伯牙弦""赏音""水深山峨""知音""钟期""钟期耳""钟期听""高山流水"等。

博浪椎秦

【典源】

《史记·留侯世家》：张良求客刺秦王，为韩报仇，"得力士，为铁椎重百二十斤。秦皇帝东游，良与客狙击秦皇帝博浪沙中，误中副车。秦皇帝大怒，大索天下，求贼甚急，为张良故也。良乃更名姓，亡匿下邳。"

【释意】

西汉时期，留侯张良是战国时韩国人。他一家五世相韩，祖父、父亲都做过韩的国相。

张 良

秦灭韩时，张良没有成年，还没有在韩国做官。秦国统一六国后，秦王自封为“始皇帝”。韩国被灭亡后，张良家仍没有败落，还有仆从三百余人。但是，张良绝不是那种守住家财过太平日子的人。想到韩国对他家恩重如山，他变卖了所有家产，连弟弟死了也不去埋葬，而是努力寻找办法和时机，要刺杀秦始皇，为韩国报仇。

后来，张良找到一名大力士，此人力大无穷，舞得动一百二十斤重的大铁椎。当秦始皇去东方巡游时，张良带了大力士在秦始皇将要经过的博浪沙等候，准备袭击秦始皇。

可惜，大力士的大铁椎没有击中秦始皇，而是误中了他的副车，这次报仇没有成功。

这事大大地激怒了秦始皇，他下令在全国实行大搜捕，捉拿刺客。张良只好隐姓埋名，隐藏在下邳。秦始皇搜查了好久，始终未查出是何人干的。

【含义用法】

后人用“博浪椎秦”或“椎秦报韩”的典故表现志士决心舍家亡身、报国复仇的气概。也作“博浪椎”“博浪沙”。

不教而诛

【典源】

《论语·尧曰》：子张问于孔子曰："何如斯可以从政矣？"子曰："尊五美，屏四恶，斯可以从政矣。"子张曰："何谓五美？"子曰："君子惠而不费，劳而不怨，欲而不贪，泰而不骄，威而不猛。"子张曰："何谓惠而不费？"子曰："因民之所利而利之，斯不亦惠而不费乎？择可劳而劳之，又谁怨？欲仁而得仁，又焉贪？君子无众寡，无小大，无敢慢，斯不亦泰而不骄乎？君子正其衣冠，尊其瞻视，俨然人望而畏之，斯不亦威而不猛乎？"子张曰："何谓四恶？"子曰："不教而杀谓之虐；不戒视成谓之暴；慢令致期谓之贼；犹之与人也，出纳之吝谓之有司。"

【释意】

孔子的学生子张问孔子说："怎样才可以管理政事呢？"孔子回答道："尊重五种美德，排除四种恶政，就可以管理政事了。"子张问："什么是五种美德？"孔子答道："君子使老百姓得到好处，而自己却不耗费；让老百姓劳作，老百姓却不怨恨；追求仁德而不贪图财利；庄重而不傲慢；威严却不凶猛。"子张问："怎样才能使老百姓得到一些好处，而自己不掏腰包呢？"孔子答道："叫老百姓做对自己有利的事，这不就是对老百姓有好处，而不掏自己的腰包吗？选择老百姓能干的活，让他们去干，谁还会怨恨呢？自己追求仁德而得到仁，怎能叫做贪图财利呢？无论人多人少，势力大小，君子都不敢怠慢，那不就是庄重而不傲慢？君子衣冠整齐，目光严肃端正，使人望而生畏，这不也就是威严而不凶猛吗？"子张问："那什么是四种恶政呢？"孔子回答道："事先不教化而杀人，叫做虐；事先不预告，而要求立刻成功，叫做暴；命令下达很晚，又要求限期完成，叫做贼；给人东西，却很吝惜，这就叫做小气。"

【含义用法】

"不教而诛"就是从文中"不教而杀"一语变化来的。它的意思是平时不加管教，一旦犯了罪便轻易处死。可用它比喻平时不教育，一旦出了问题便一棍子打死的作风。

不名一钱

【典源】

《史记·佞幸列传》：及文帝崩，景帝立，邓通免，家居。居无何，人有告邓通盗出徼外铸钱。下吏验问，颇有之，遂竟案，尽没入邓通家，尚负责数巨万。长公主赐邓通，吏辄随没入之，一簪不得著身。于是长公主乃令假衣食。竟不得名一钱，寄死人家。

【释意】

汉文帝时，有个名叫邓通的人。此人本是宫中管船艇的“黄头郎”，因一次偶然的机会，受到文帝宠幸，得了巨额赏赐，当了“上大夫”。邓通没有什么才能，但是很会谄媚奉承。文帝常常到他家去玩，关系十分亲密。后来文帝还把严道的铜山赐给邓通，特许他自铸铜钱。于是大量的“邓氏钱”到处流通。

有一回，文帝身上生疮，邓通为了讨好，用嘴去吮（shǔn）吸疮口上的脓血，文帝让亲生的太子也试着吮吸，太子却不愿意，并且还因此对邓通表示厌恶和怀恨。

文帝死后，太子继位是为景帝，邓通被罢官回家。不久，有人告发他偷出边境铸钱，经过官吏审问查办，还真有这么回事，家产全部被没收充公，还欠了一大笔债。长公主赐给邓通钱，官吏马上又给没收了，身上一个钱都没有。长公主又借给他衣服粮食，他最终在别人家里寄居而死。

【含义用法】

“不名一钱”，一个钱都没有，也作“不名一文”，形容极度贫穷。有时也形容廉洁不贪。

不怕官，只怕管

【典源】

《醒世恒言》二十六：俗谚有云：不怕官，只怕管。岂是我管你不着，一些儿不怕我？

【释意】

宋朝时，有个名叫王进的是东京八十万禁卫军拳棒教头，他的父亲曾经和小流氓高俅比棒，只一棒就把高俅打翻在地，躺了几个月才能走动，因此高俅怀恨在心。十几年过去了，王进的爸爸早已去世，那高俅却因会踢球得宋徽宗赏识，一路升官升到殿帅府太尉（禁卫军元帅）。第一天上任，便发现王进请病假在家未来参见，大怒，派人将王进拿来，问道："你就是都军教头王升的儿子？"王进禀道："小人便是。"高俅喝道："你爷是街市上使花棒卖药的，你要的什么武艺？前官没眼，任你做个教头，如何敢小觑本官，不伏俺点视，推病在家，安闲快乐？"王进告道："小人怎敢，确实患病未愈。"高太尉骂道："贼配军，你既害病，如何来得？"王进又告道："太尉呼唤，不敢不来！"高太尉大怒，喝令左右拿下："用力与我打这厮！"众多牙将都是和王进好的，只得告道：

“今日太尉上任，好日头，权免此人这一次。”高太尉喝道：“你这贼配军，看在众将之面，饶恕你今日，明日再和你理会。”王进谢罪，抬头看了，认得是高俅。出得衙门叹口气道：“俺的性命今番难保了。我以为甚么高殿帅，原来正是高俅。他今番发迹，正待报仇。我不想正属他管。自古道：‘不怕官，只怕管’，俺如何与他争得？怎生奈何是好？”——回家后，连夜带了老母，投奔边镇延安府去了。

【含义用法】

后人用“不怕官，只怕管”这个典故，道出了封建社会塔形政权结构中，上级欺压下级，无法无天的人际关系。

不食周粟

【典源】

《史记·伯夷列传》：武王已平殷乱，天下宗周，而伯夷、叔齐耻之，义不食周粟，隐于首阳山，采薇而食之。

【释意】

殷朝末年，孤竹国国君有两个儿子，大儿子伯夷，小儿子叔齐。国君在位时，有意让叔齐继承王位。国君死后，叔齐觉得自己比伯夷小，就让位给伯夷。伯夷说：

“立你为国君，是父亲的意思，我怎么能接受呢？”两人相互推让，都不愿被立为国君。最后，两人弃位逃往西部周文王处。

刚走到半路，伯夷、叔齐碰上周武王的部队。原来周文王已死，武王继承了王位。还来不及埋葬父亲，他就用车载着周文王的雕像，往东讨伐纣王。

伯夷、叔齐拦住周武王的马头苦苦劝谏说：“父亲死后不埋葬，反而兴兵讨伐，说得上孝道吗？以臣子的身份去杀害君王，说得上仁慈吗？”武王手下的士兵见了，想杀死他俩。姜太公说：“他们是仁义之人。”叫士兵把他俩扶开。

周武王平定殷朝之后，天下都属于周朝。为此，伯夷、叔齐感到耻辱，坚决不吃周朝的粮食，隐居在首阳山中，靠采摘蕨菜度日。他俩编了一首歌，歌中唱道：“登上西山啊，采摘蕨菜。残暴代替残暴啊，不知谁是谁非（伯夷、叔齐认为殷和周都是一样的残暴）？神农、舜和禹已经消逝啊，我们将依靠谁？往哪里啊往哪里？生命就这般衰微！”

【含义用法】

后人用“不食周粟”的典故比喻坚决反对某种行动或主张。又用“以暴易暴”表示一种残暴的统治代替另一种残暴的统治。

不为五斗米折腰

【典源】

《晋书·陶潜传》：（陶潜）素简贵，不私事上官。郡遣督邮至县，吏白“应束带见之”。潜叹曰：“吾不能为五斗米折腰，拳拳事乡里小人邪！”义熙二年，解印去县，乃赋《归去来》。

【释意】

东晋大诗人陶渊明。少年时代由于受家庭和儒经的影响，也曾有过“大济苍生”的壮志，但出仕之后，看到社会政治黑暗腐败，官场污浊，他的理想逐渐破灭。

他曾任过江州祭酒、镇江参军、建威参军等小官，都没有多长时间。四十一岁那年，改任彭泽令。陶渊明嗜酒如命，他说：“我只要能常醉于酒就满足了。”

有一次，上级派一个督邮到彭泽视察，手下官员诚惶诚恐，生怕有所怠慢，并告诉陶渊明应穿好官服，束上腰带，恭敬地迎接督邮。陶渊明听后说道：“吾不能为五斗米折腰，拳拳事乡里小人邪！”意思是说，他不愿意为了五斗米的俸禄而卑躬屈膝，向乡里小人弯腰行礼。于是自动解印离职，拂袖而去。只任了彭泽令八十一天。

此后，他再不出来做官，一直躬耕田园，隐居农村。写下了大量的田园诗，表达自己对官场黑暗的憎恶，对亲自参加劳动的喜悦以及对田园生活的热爱。成为我国山水田园诗派的重要代表人物。

【含义用法】

后来用“不为五斗米折腰”的典故表示为人清高，有骨气，不为名利奔走逢迎。也作“为五斗米折腰”“折腰”等。

不学无术

【典源】

《汉书·霍光金日磾传》：然光不学亡术，暗于大理……（“亡”通“无”）。

【释意】

霍光，字子孟，汉武帝时的名将霍去病之弟。霍光也担任过大司马、大将军等要职，对汉朝作出过一定的贡献。但是他居功自傲，不好学习，不明事理。所以《汉书》的作者班固，在《霍光传》中，虽然称赞霍光“匡国家，安社稷”，同时指出霍光“不学亡（wú）术，暗于大理”。

宋朝初年，宋太宗的宰相寇准，同张咏是至交，从青年时代起，两人就互相敬重，关系亲密。张咏在成都做官时，听得寇准要当宰相了，曾对同僚们说："寇公奇材，可惜学术不足。"意思是说：寇准确是少有的人材，可惜他古书名著读得还不够，处理事情的方法也还不太讲究。后来，张咏任满，从成都回京，寇准正在陕州任职，张咏便顺路去看望他。寇准盛情款待。老友重逢，彼此十分愉快。张咏告别，寇准亲自远送。分手时，寇准还诚恳地请张咏赠言指教，问："何以教准？"张咏很和善地慢慢答道："《霍光传》不可不读。"当时寇准不明白张咏这话是什么意思。回到家里，立刻找出《汉书》，翻到《霍光传》这一篇，从头仔细阅读。一直读到快完了，发现"光不学亡术"一句，寇准不禁笑了起来，恍然道："此张公谓我矣（这是张咏说出我的缺点了）！"

【含义用法】

"不学无术"，后来成为一句成语，原意是指没有学识因而不大懂得方法。我们现在形容缺乏知识、没有本领，就叫"不学无术"。

不越雷池一步

【典源】

《晋书·庾亮传》：亮知峻必为祸乱，征为大司农。举朝谓之不可，平南将军温峤亦累书止之，皆不纳。峻遂与祖约俱举兵反。温峤闻峻不受诏，便欲下卫京都，三吴又欲起义兵，亮并不听，而报峤书曰："吾忧西陲过于历阳，足下无过雷池一步也。"既而峻将韩晃寇宣城，亮遣距之，不能制，峻乘胜至于京都。

【释意】

庾亮，东晋颍川鄢陵人，字元规。庾亮仪容俊美，善于谈论，喜好《老子》《庄子》，讲究礼节。在十六岁时，东海王司马越召他做官，庾亮不从。后来，他历仕元帝、明帝、成帝三朝，是一个很有影响的人物。成帝即位后，他以皇帝舅舅的身份当上了中书令，执掌朝政。他乱杀大臣，引起朝廷内外各种势力的不安。

327 年，历阳的守将苏峻、寿春的守将祖约以杀庾亮为名，率军进攻建康。在这之前，庾亮预料苏峻一定叛乱，为了隐住苏峻，庾亮曾建议皇帝召苏峻为大司农。可是，满朝文武都认为不妥，平南将军温峤也几次写信加以制止，所有的人都不肯采纳庾亮的建议。在这种情况下，苏峻与祖约都举兵造反了。温峤听说苏峻不肯接受皇帝的诏令，便要从江州率兵去保卫京都，吴兴、吴郡等地又要组织反对苏峻、保卫皇室的义兵，庾亮觉得这样安排不妥，不肯采纳这些建议和要求。他给温峤送去一封信，写道："我十分担心西部边陲的安危，胜过对历阳方面的担心。你镇守江州，一定要管好自己的防区，不要越过雷池一步。"不久，苏峻的战将韩晃进攻宣城，庚亮派兵拒敌，却抵挡不住，苏峻乘胜到达京都。

【含义用法】

人们用“不越雷池一步”比喻严守成规，不超出一定的范围或界限。人们用“雷池”比喻不可越出的一定范围。也作“不敢越雷池一步”。

才高八斗

【典源】

宋无名氏《释常谈·八斗之才》：“谢灵运尝曰：‘天下才有一石，曹子建（曹植的字，曹植又称陈留王）独占八斗，我得一斗，天下共分一斗。’”

【释意】

三国时，魏国诗人曹植（字子建），才华横溢，南朝著名诗人谢灵运对他推崇备至，曾经对朋友说：“天下的才学共有一石，曹子建一个人就占了八斗，我占一斗，其余的人合起来才占了剩下的那一斗啊！”

【含义用法】

后比喻学识丰富，极有才华。也作“才八斗”“八斗才”“才富八斗”“才倾八斗”等。

沧海桑田

【典源】

晋葛洪《神仙传·王远》：麻姑与王远（字方平）饮蔡经家。麻姑自说云："接侍以来，已见东海三为桑田。向到蓬莱，又水浅于往者，会时略半也，岂将复为陵陆乎？"远叹曰："圣人皆言海中将复扬尘也。"

【释意】

相传东汉桓帝时，有一位麻姑仙女，看上去只有十八九岁，却已看到东海三次变成陆地了。她说："我这次去蓬莱，发现海水比以前浅了很多，恐怕又要变成陆地了吧？"

【含义用法】

后比喻世事变迁巨大。也作"碧海成桑""沧海尘""沧海扬尘""沧桑""尘飞沧海""东海桑田""海变桑田""桑海""桑田碧海"等。

沧海遗珠

【典源】

《新唐书·狄仁杰传》：狄仁杰，字怀英，并州太原人。为儿时，门人有被害者，吏就诘，众争辩对，仁杰诵书不置，吏让之，答曰："黄卷中方与圣贤对，何暇与吏语耶？"举明经，调汴州参军。为吏诬诉，黜陟使阎立本召讯，异其才，谢曰："仲尼称观过知仁，君可谓沧海遗珠矣。"荐授并州法曹参军。

【释意】

唐朝大臣狄仁杰，字怀英，年轻的时候就显露出与别人的不同。有一次，他读书的地方有个人遇害，官府派了一名官吏来调查此事。大家都争着向官吏诉说自己的清白，唯独狄仁杰不加理睬，安心读书。官吏很不高兴，责问他时，他不屑地说自己正与书中圣贤对话，没有工夫。

青年时代的狄仁杰考中明经科进士，任汴州参军。不久有人诬告他，朝廷便撤了他的职务。调查案件的官员阎立本在讯问狄仁杰时，发现他是个不可多得的奇才，称赞他是沧海中被人遗漏的明珠。于是，阎立本不仅帮助狄仁杰洗清了冤屈，还推荐他作了并州法曹参军。

狄仁杰后来的一番大作为证明了他确实为"沧海遗珠"，有非常杰出的政治才能。当他在大理寺（当时主持审核刑狱案件的中央机关）里担任重要职务时，处理了很多离奇的案件。他的很多断案事迹一直流传到今天。

【含义用法】

后人用“沧海遗珠”的典故比喻遭到埋没，未得到重用的人才。也作“沧海求珠”“沧海珠”“遗珠”等。

豺狼当道

【典源】

《后汉书·张晧传》：“汉安元年，选遣八使徇行风俗，皆耆儒知名，多历显位。唯纲年少，官次最微。余人受命之部，而纲独埋其车轮于洛阳都亭，曰：‘豺狼当道，安问狐狸？’”

【释意】

东汉顺帝汉安元年（142 年），朝廷派遣特使各地考察巡视，如发现刺史太守有贪赃枉法行为，就上急奏弹劾，县令以下的官，可不待奏报，即时逮捕拿办。清廉而政绩好的则奏闻加以表扬。在这些德高望重的特使中，张纲最年轻，官位最低。他在别的特使都离开后将自己的车轮卸下，扔在洛阳城外的驿站旁。他在别人询问时说：“豺狼当道，安问狐狸？”意思是说：大恶不除，何必去问那些小恶？他所指的就是那时当权的大奸臣梁冀。梁冀弄得政治越来越腐败，但因为他是国舅，满朝都是他的私党，所以张纲上奏章弹劾他也不起作用。

从此梁冀对张纲恨之入骨，屡欲借机谋害他。

【含义用法】

后人把张纲所说的“豺狼当道”引为成语，比喻坏人掌握大权。也作“埋轮”。

长城自坏

【典源】

《南史·檀道济传》：“道济立功前朝，威名甚重，左右腹心并经百战，诸子又有才气，朝廷疑畏之……会上疾动，义康矫诏召入祖道，收付廷尉，及其子给事黄门侍郎植、司徒从事中郎粲……等八人并诛……”

【释意】

檀道济是南朝宋的得力干将，年轻时曾跟从宋武帝刘裕南征北战，功劳显著。

宋武帝刘裕

宋文帝时，檀道济与北魏交战，以少胜多，连胜三十多次，打得魏军胆战心惊。后来，他因

【汉宫春晓图】卷 局部 ［清］院本 中国台北故宫博物院藏 72-2

【汉宫春晓图】卷 局部 ［清］院本 中国台北故宫博物院藏 72－2

粮食吃完，方才撤退。魏军怕他有埋伏，不敢追赶他。从此，他的威名震动了北魏。

檀道济回朝以后被封官司空，镇守浔阳（今江西九江），掌握的权力很大。再加上他的心腹部将都身经百战，几个儿子又很有才能，所以也引起了朝廷对他的戒备。朝中的某些大臣因为妒忌也经常诬陷他，把他比成司马懿。

司马懿是三国时魏国的大臣。因为权势很大，使他的孙子在后来篡夺了皇位。宋文帝于是对檀道济耿耿于怀。

当时，宋文帝连年生病。宋文帝的兄弟彭城王刘义康担心宋文帝突然死去，没有人能制服檀道济，所以想铲除他。

有一年，宋文帝病得很重，刘义康就借口北魏军队要入侵，召檀道济到朝廷商议对策。

临行前，檀道济的妻子指出此行可能存在危险，但是檀道济无可奈何，只能前往。

等他到了朝廷，宋文帝的病情已经好转，刘义康也就没有杀檀道济，把他暂时留在朝廷。

第二年春，檀道济被允许回家，船还没开，宋文帝又病重，刘义康假传圣旨把檀道济召回押入大牢。又抓住他的儿子和部下杀了他们。

檀道济被捕时，怒火直冒，圆睁双眼，脱下头巾，掷在地上，大骂他们自毁长城。

北魏人听说檀道济被杀，都纷纷庆祝，认为再没什么顾忌了。

这以后，北魏军连年南侵，宋军无人抵挡得住，不断地吃败仗。

宋文帝寻找可以继任檀道济的人，却没有这样的人才。

后来，魏军一直打到京城附近，宋文帝登上石头城（今江苏南京）城墙，望着敌军的旗帜，忧心忡忡，叹息如果檀道济不死，敌人就不能这样猖狂。

【含义用法】

后来，“长城自坏”这个典故用来指杀害朝中的名将，而用“万里长城”指守边的将领。

成也萧何，败也萧何

【典源】

宋洪迈《容斋续笔·萧何绐韩信》：“韩信之为大将军，实萧何所荐；今其死也，又出其谋。故俚语有‘成也萧何，败也萧何’之语。”

【释意】

韩信投奔刘邦后，也没有得到重用，只做了一名小官，韩信见无法施展自己的抱负，失望之下就逃跑了。但刘邦手下有个亲信叫萧何的，却认为韩信是个难得的将才，所以，连夜将韩信追了回来。他对韩信的谋略才能大加称赞，劝说刘邦选个良辰吉日封韩信为大将军。

刘邦接受建议重用韩信，韩信详细分析了当时各国的情况，制订了统一全国的计划，让刘邦刮目相看。韩信指挥着刘邦的军队，取得一次又一次的胜利，收服了各个小国，又打败西楚霸王项羽，最终统一了全国，刘邦当上了汉朝的开国皇帝，即汉高祖。封萧何为丞相。

因为韩信位高权重，刘邦对他怀有戒心，他先收了韩信的兵权，后来又把他由楚王降为淮阴侯，后来又怕他谋反，就由吕后出面，在萧何的帮助下骗来韩信杀了他。

韩信能够得到重用，大展拳脚，得力于萧何的推荐，但是他的死，又是由于萧何的计谋。所以，后人总结出一句话：成也萧何，败也萧何。

【含义用法】

后人用“成也萧何，败也萧何”的典故形容对一件事既帮助，又破坏，做好做歹全是其人。又比喻出尔反尔，反复无常。也作“成败是萧何”。

程门立雪

【典源】

《宋史·杨时传》："至是，又见程颐于洛，时盖年四十矣。一日见颐，颐偶瞑坐，时与游酢侍立不去，颐既觉，则门外雪深一尺矣。"

【释意】

宋朝有个著名的哲学家、教育家叫杨时。他在北宋神宗熙宁年间考取进士，担任过浏阳、余杭、萧山知县，荆州教授。宋徽宗时，做到右谏议大夫兼国子祭酒。南宋高宗时，又被封为工部侍郎和龙图阁直学士。

程颢和程颐是兄弟，是当时著名的理学大师和教育家，名望很大。杨时考取进士被授予官职后不去上任，跑到河南颍昌（今河南许昌）拜程颢为师，跟随他学习，两人感情非常好，终于杨时学成回家，程颢认为他尽得其真传，可以把他的学说发扬光大。

四年后，程颢去世了，杨时听到噩耗，在家中设了灵位哭祭，然后把这个不幸的消息写信告诉给同学们。在他四十岁左右时，前去洛阳拜访程颐。

在一个大雪天，他和他的朋友游酢一起到程府拜访程颐，但正巧遇上程老先生坐着打瞌睡。杨时和游酢不愿叫醒先生，于是就静立在门外等候，一直等到门外有一尺多深的积雪时，程颐才醒来。

【含义用法】

后来，“程门立雪”这一典故用来强调尊师重道，诚心求学的精神。也作“程门雪”“立程门”“立雪程门”等。

赤膊上阵

【典源】

《三国演义》第五十九回：许褚性起，飞回阵中，卸下盔甲，混身筋突，赤体提刀，翻身上马，来与马超决战。

【释意】

曹操有一员虎将叫许褚，他听说敌将马超英勇，决心与马超一决高下。第二天，马超挺枪纵马立于阵前，许褚拍马舞刀而出，斗了一百余回，打了个平手。马匹困乏，各回军中换了马，又斗一百余回，许褚性起，飞回阵中，卸了盔甲，浑身筋突，赤体提刀，骑上马与马超对打。又斗了三十余回，许褚用劲力气砍过去，马超闪过，一枪向许褚心窝刺来。许褚弃刀将枪夹住，两个人在马上夺枪。许褚力大，一声响，拗断枪杆，各拿半截在马上乱打。两方军队也打了起来，曹军一方的士兵发生混乱，许褚臂中两箭，慌忙退回寨中。后来人们在论及这个事件会评价道：“赤膊上阵，中箭活该。”

【含义用法】

“赤膊上阵”用以比喻人们处理复杂事务时，不加防范，不留退路，一味蛮干。

初出茅庐

【典源】

三国蜀诸葛亮《前出师表》：“先帝不以臣卑鄙，猥自枉屈，三顾臣于草庐之中，咨臣以当世之事。”

【释意】

三国时，刘备三顾茅庐，请出了诸葛亮担任军师。诸葛亮到任不久就出谋划策，挫败了曹操手下大将夏侯惇率领的十万大军，打了一场漂亮的大胜仗。

交战的那天晚上，乌云密布，风很大，天很黑，夏侯惇的大队人马中了诸葛亮设下的计谋，被蜀军引入博望坡前的狭长地带。曹军的李典和于禁两个将领发现此处不仅道路狭窄，而且两边尽是芦苇，担心对方用火攻。于是他们令队伍停止前进。但话未落音，只听得背后传来惊呼之声，一片熊熊的火光照亮了夜空。随后，两边的芦苇也燃烧起来，四面八方到处是火，加上风大，火势更猛。曹军措手不及，互相踩踏，伤亡惨重。此时，

诸葛亮

刘备手下大将赵云、关羽、张飞纷纷杀得曹军尸横遍野，血流成河。直到天明，诸葛亮下令收兵。夏侯惇才带领残余兵力狼狈逃走。后来有一首称赞诸葛亮的诗，说的就是这件事：

博望相持用火攻，指挥如意谈笑中。
直须惊破曹公胆，初出茅庐第一功。

【含义用法】

“初出茅庐”本指诸葛亮第一次指挥作战就大显身手，大获全胜。后人用这个典故形容某人才开始学做某项工作，或形容新手缺乏经验。也作“三谒茅庐”“草庐三顾”“三顾”“三顾隆中”“三顾茅庐”。

初生之犊不怕虎

【典源】

《三国演义》第七十四回：俗云：“初生之犊不惧虎。”

【释意】

东汉末年，刘备的大将关羽奉命攻打曹操的襄阳和樊城。关羽先派部将廖化和关平领兵进攻襄阳，打得曹军将领曹仁落花流水，退守樊城。曹操派于禁和庞德前来增援。庞德领兵刚到，就和名将关羽展开了激烈的

关 羽

战争。庞德是员勇将，且年轻气盛，和关羽大战一百多回合，打了个平手，各自带领士兵退回。关羽退回营寨后，评价庞德刀法惯熟，是个敌手。关羽还称赞他是“初生之犊不怕虎”。虽然他勇敢大胆，但缺乏经验。当时，秋雨连绵，河水猛涨，关羽采取了水攻的策略，消灭了曹操派来的七支援军，也把庞德除掉了。

【含义用法】

原比喻年轻人大胆勇敢但缺少经验。现多用以比喻青年人大胆勇敢，敢于创新。

楚王好细腰

【典源】

《墨子·兼爱中》：昔者，楚灵王好士细腰。故灵王之臣，皆以一饭为节，胁息然后带，扶墙然后起。比期年，朝有黧黑之色。

【释意】

楚灵王喜欢纤细的腰身。因此，朝中大臣为了得到宠信不敢多吃饭，把“一日三餐”减为“只吃一餐”。每天起床整装，先要屏住呼吸，然后把腰带束紧；时间久了，一个个饿得头昏眼花，面黄肌瘦，干什么都没力气。

一年之后，满朝文武都虚弱得什么也干不了了。

【含义用法】

以“楚王好细腰”劝诫人们，单凭个人的好恶去提倡、宣扬某种事物，往往会造成意想不到的恶果。从下面的人来说，不从实际出发，实事求是，而是逢迎上面的好恶，一味盲从，不会有好结果。也作“楚宫细腰”“楚国纤腰”“楚女纤腰”“宫腰”等。

春风不度玉门关

【典源】

唐王之涣《凉州词》：黄河远上白云间，一片孤城万仞山。羌笛何须怨杨柳，春风不度玉门关。

【释意】

唐朝时候，诗人王之涣到凉州（今甘肃武威）去。此时内地已是春暖花开，杨柳青青，凉州一带还相当寒冷，杨柳刚刚吐绿，尤其是凉州西北面的玉门关外更是寒冷，杨柳还没有发青。王之涣初入凉州，目睹当地景色，耳闻羌笛吹奏的《折杨柳调》，写出了这首诗。意思是说：在黄河上游，一片白云笼罩中，一片孤城坐落在耸入云霄的高山之中。羌笛呀，不必埋怨杨柳刚刚发青，因为玉门关外还没有一丝春风吹过！

【含义用法】

后人用这个典故比喻某种思想、影响传播（多指好的方面）到不了某一地区或团体。现在引用时，有时一反原意，把“不”字换成“已”字，比喻好思想已深入人心。

聪明自误

【典源】

北宋苏轼的诗《洗儿》（旧时风俗，婴儿生后三天或一个月，要洗身并宴请亲友，称作“洗儿”）：人皆养子望聪明，我被聪明误一生，惟愿孩儿愚且鲁，无灾无难到公卿。（惟：只。鲁：迟钝。公卿：泛指封建社会的高级官吏。）

苏轼

【释意】

宋朝时，苏轼拥有很高的才华又生性聪明，但在仕途上却抑郁不得志。后来，他又多次被贬，十分沮丧，于是作了一首发泄牢骚的诗，意思是：人人都希望自己养的孩子聪明，我却被“聪明”

毁了一生，只希望我的儿子愚笨又迟钝，能够顺利地当上大官。

【含义用法】

用“聪明自误”也作“聪明反被聪明误”，用以比喻玩弄小聪明，反而害了自己。

大巧若拙

【典源】

《老子》第四十五章：大直若屈，大巧若拙，大辩若讷。

【释意】

老 子

老子，姓李名耳，又称老聃，是和孔丘生于同一时代即春秋末期的一位思想家。相传著有《老子》一书，共八十一章，主要是用“道”来说明宇宙万物的演变过程，包括某些朴素的辩证法，内容涉及政治、军事和日常生活等诸多方面。

《老子》第四十五章是老子人生论的一部分。在这一章里，老子用朴素的辩证观点指出：有道德修养的人其言行的实质和表现出的现象往往不同。他说：大的成就表现为亏缺，但它的用处是不会失败的。大的充实表现为空虚，但它的用处是不会穷尽的。大的正直表现为弯曲，大的灵巧表现为笨拙，大的辩才表现为语言迟钝，大的得利表现为亏本。在生活方面，运动可以用来抵制寒冷，平静可以战胜炎热。在政治方面，心静无求无所作为，可以做天下的君长。

【含义用法】

“大巧若拙”用以比喻正直灵巧的人，不自炫耀，表面上好像很笨拙。

当断不断

【典源】

《史记·春申君列传》：当断不断，反受其乱。

【释意】

战国时，楚考烈王没有子嗣，相国春申君十分烦恼。不久，赵国人李园携带一女子来到楚国，本来打算献给楚王。但打听到楚王没有生育能力，就把此女送给了春申君。

过了一段时间，这女子怀了孕，她劝春申君说：“楚王对你的宠爱，已远远超过了他的兄弟。你在楚国为相二十余年，万一楚王死后，他兄弟立为王，肯定重用他的亲信，不会再重用你。今天我已有了身孕，如果把我献给楚王，生的是儿子，一定立为太子。你就是太子的父亲。这样，楚国不就是你的了吗？”春申君觉得此话有理，就将这女子献给了楚王。后来，这女子果然生下一个儿子，被立为太子。

几年后，有一个叫朱英的人劝说春申君小心，关于太子的事，只有李园最清楚。据说他养有刺客想杀死春申君。因此，春申君应该早作准备，杀死李园。春申君却认为李园是个仆人，又软弱，不会做出刺杀的事，就拒绝了朱英的意见。

不久，楚王去世，李园果然叫人埋伏在宫门，等春申君进宫时，一刀将他砍死。

司马迁在《史记》中评论此事时说：“春申君处事太不果断，结果犹豫不决，自食其果。”

【含义用法】

后人以“当断不断”说明应该作出决断时候，却犹豫不决，结果自食恶果。

当炉卖酒

【典源】

司马迁《史记·司马相如列传》：“相如与俱之临邛，尽卖其车骑，买一酒舍酤（卖）酒，而令文君当炉（俗多作“垆”，是安放酒瓮的墩子）。

相如身自著犊鼻裈（一种围裙，形如犊鼻），与保庸杂作，涤器于市中。”

【释意】

西汉时，临邛县的卓王孙是个大富翁。他有个独生女叫卓文君。卓王孙没有学问但喜欢结交文人。有一天，他请当地的文人墨客，其中有著名的才子司马相如。在席上，司马相如凭借自己的才华和风度，吸引住了卓王孙的女儿卓文君。宴席之后，卓文君与司马相如私奔，连夜逃到司马相如的老家成都。这时，卓文君才发现风度翩翩的司马相如，竟是家徒四壁，一贫如洗。

卓王孙得知女儿私奔，勃然大怒，决心不给女儿一分钱。

卓文君在成都住了一段时间，非常不适应这种贫穷的日子，便打算与司马相如回到临邛，改变穷苦的生活。

卓文君

到了临邛，司马相如卖了车马，买了一间酒屋，做起卖酒的生意。司马相如穿着一条破烂的裤子和长工酒保一起造酒，有时还把酒缸搬在街中洗刷。卓文君则站在酒台边卖酒收钱。卓王孙为此感到羞耻，闭门在家中不出来。

后来，卓王孙的叔父、弟弟都劝他说：“既然卓文君已嫁司马相如。司马相如虽然贫穷，但一表人材，又有才学，将来一定会有大出息。”卓王孙于是拿出钱来资助他们。

【含义用法】

后人以“当炉卖酒”或“文君当炉”比喻有学问的人做生意。

盗泉宁渴

【典源】

《尸子》卷下：“孔子过于盗泉，渴矣而不饮，恶其名也。”

【释意】

春秋时，在现在山东省泗水县的东北，有一潭碧泓清冽的泉水，附近的百姓常到潭中挑水饮用，游泳嬉耍。后来，有一伙强盗占据了这个地方，他们驻扎在潭边，打劫过往的客商和行人，惹得百姓对他们十分痛恨。

不久后，鲁国国君派兵赶走了强盗，这座水潭因此被命名为“盗泉”。

有一年夏天，天气十分炎热。鲁国的大学问家孔子带着子路、宰我等几个学生，坐了马车，离开曲阜，外出办事，马车奔驰了大半天后，孔子、子路、宰我等都热得汗流满面，口干舌燥。此时正好到了盗泉边，子路请示孔子停车，他去打水给大家喝。

子路提了一个木桶下了车，来到泉边盛了一桶泉水拎回来。他从车上拿了一个钵，先舀了一钵捧给孔子。孔子见这泉水十分清冽，便打听叫什么名字，子路回答是盗泉。

孔子听了，立即把钵中的水朝地上一泼，又叫子路把打来的水全部倒掉。这让弟子们很不解，问他，他说："盗泉，那就是说，这是强盗的泉水，名声肯定不好。我们怎能因为口渴而去喝坏透了名声的东西呢？我们宁愿渴死也决不喝它！"

孔子忍着口渴吩咐大家继续往前走。

【含义用法】

后来，"盗泉宁渴"这一典故用来表示宁死也不接受不义之物，决不与恶势力同流合污。也作"盗泉水""盗水""不饮盗泉""渴辞盗泉""去盗泉""盗泉一饮"等。

得陇望蜀

【典源】

《后汉书·岑彭传》：岑彭引兵从车驾破天水，与吴汉围隗嚣于西城。时公孙述将李育将兵救嚣，守上邽。帝留盖延、耿弇围之，而车驾东归。敕彭书曰："两城若下，便可将兵南击蜀虏。人苦不知足，既平陇，复望蜀。每一发兵，头须为白。"

【释意】

岑彭，字君然。西汉末年，王莽篡位时，他王担任棘阳（今河南新野县）县官。不久，刘玄和他的族弟刘秀，带领各路起义军，在昆阳（今河南叶县）一带，击垮了王莽军队，恢复了汉朝的统治，刘玄因此称为汉更始帝。汉军进攻棘阳的时候，岑彭带领手下投降刘玄，后为刘秀尽忠。

刘秀在平定了河南，立下了基础以后，接着就占领河北，出击山东，对农民起义军大加镇压。在这一时期，岑彭为刘秀出了很大的力，立了不小的功，颇得刘秀的赏识。这时，刘秀势力大增，自立为汉光武帝，开始了东汉王朝的统治。

汉光武帝刘秀控制了东部地区以后，又转身向西进军。这时，岑彭担任了大将军的职务，随刘秀先攻下了天水（属今甘肃省），又和偏将军吴汉把隗嚣围在西城（今陕西安康西北）。这隗嚣，在王莽时曾占据陇右（甘肃），后来先是投降刘玄，又投靠了刘秀，帮刘秀镇压了农民起义。可是接着又叛离刘秀，跟公孙述勾搭上了。公孙述从王莽时起，在西蜀（四川）宣布独立，自称蜀中皇帝，以成都为国都，拥兵数十万，势力不小。刘秀向西进军，想攻下陇和蜀地，

以完成全国统一。刘秀的这个目的不久就全部达到，隗嚣和公孙述都被消灭了。

当岑彭和吴汉的军队围困西城的隗嚣时，刘秀离开去洛阳，走前写信给岑彭，信上说：攻克西城以后，要立刻南攻西蜀。真是贪得无厌，得寸进尺。

【含义用法】

“既平陇，又望蜀”，后来就变作成语“得陇望蜀”，形容得寸进尺、贪得无厌。类似民间谚语：“吃着碗里，看着锅里。”

雕虫小技

【典源】

汉扬雄《法言·吾子》：或问：“吾子少而好赋？”曰：“然。童子雕虫篆刻。”俄而曰：“壮夫不为也。”

唐李白《与韩荆州朝宗书》：至于制作，积成卷轴，则欲尘秽视听，恐雕虫小技，不合大人。

【释意】

韩朝宗，是唐朝玄宗年间人，曾经担任荆州的刺史。他非常爱护青年文士，乐于提拔后进的人才，有不少青年，经过他的推荐，取得了很大的成就。所以，得到了很多人的敬慕。

当时鼎鼎大名的大诗人李白也曾经写了一封信给

太白醉酒

韩朝宗，希望得到他的赏识，推荐一份工作。

李白写给韩朝宗的信，被后人称为《与韩荆州书》，在文学史上十分有名。信中除对韩朝宗的为人学问大大地赞颂一番外，就是述说自己的志愿以及写作方面的情形。信在最后写道："恐雕虫小技，不合大人。"这是一句谦虚的话，意思是说，恐怕我所写的文章，过于微不足道，大人看不上。

【含义用法】

"雕虫小技"指鸟虫书，古代汉字的一种字体。后比喻微不足道的技能，多指文字技巧，亦作"雕虫篆刻"。

东窗事发

【典源】

《西湖游览志余》：秦桧之欲杀岳飞也，于东窗下与妻王氏谋之……桧归，无何而死，未几，子熺亦死。王氏设醮，方士伏章，见熺荷铁枷，问："太师何在？"熺曰："在酆都。"方士如其言而往，见桧与万俟卨俱荷铁枷，备受诸苦。桧曰："可烦传语夫人，东窗事发矣！"

【释意】

宋代奸相秦桧和妻子王氏在东窗下商量怎样谋害岳飞。秦桧死后，王氏叫方士招魂，看见秦桧在阴间受刑。秦桧便趁机托方士转告夫人，说东窗下的阴谋被告发了。

【含义用法】

后用指阴谋败露，案子犯了。也作“东窗事犯”“东窗妇”“东窗计”。

东 道 主

【典源】

《左传·僖公三十年》：（烛之武）见秦伯曰：“秦、晋围郑，郑既知亡矣！若亡郑而有益于君，敢以烦执事。越国以鄙远，君知其难也；焉用亡郑以陪邻？邻之厚，君之薄也。若舍郑以为东道主，行李之往来，共其乏困，君亦无所害。且君尝为晋君赐矣；许君焦、瑕，朝济而夕设版焉，君之所知也。夫晋何厌之有？既东封郑，又欲肆其西封，若不阙秦，将焉取之？阙秦以利晋，惟君图之。”秦伯说，与郑人盟。

【释意】

春秋时，晋献公的儿子重耳逃到国外，在外面漂泊了十九年。他经过郑国的时候，郑国对他很不礼貌。

后来重耳回国，当了国君，即晋文公。他想报复郑国，对郑楚交好也感到不满，便约会秦国，一同出兵围攻郑国。

郑文公因郑国面临大难，非常着急。大夫佚之狐建议派烛之武去说服秦国退兵。郑文公就立刻去请烛之武。烛之武推辞了一阵，最后还是答应了。晚上，烛之武被人用绳子吊送到城外，偷偷地到秦军营中去见秦穆公。

烛之武劝秦穆公说："因为楚国与郑国并不相邻，郑国如果亡国，只能就近并入晋国的版图。那时，和你们相邻的晋国，可就要更加强大，而你们秦国，也就要相对地显得比它弱小了。秦国这样做只会使自己更弱，使晋国更强。"秦穆公听了这番话，大吃一惊，觉得很有道理，便决定退兵。当时烛之武还对秦穆公说："你们如果让郑国做'东道主'，秦国使者在东方道上往来经过的时候，郑国一定尽主人的责任，好好招待贵宾，这对秦国很有利。"秦穆公越听越觉得有理，便率领秦军悄悄回国去了。晋文公没有了帮手，无可奈何只能撤退。

【含义用法】

愿意在东方道上为秦国负责招待的事务，后来人们就把主人称为"东道主"或"东道主人"。也作"东道主人""作东"。

冻死不拆屋，饿死不卤掠

【典源】

《宋史·岳飞传》：师每休舍，课将士注坡跳壕，皆重铠习之。子云尝习注坡，马踬，怒而鞭之。卒有取民麻一缕以束刍者，立斩以徇。卒夜宿，民开门愿纳，无敢入者。军号“冻死不拆屋，饿死不卤掠”。卒有疾，躬为调药；诸将远戍，遣妻问劳其家；死事者哭之而育其孤，或以子婚其女。凡有颁犒，均给军吏，秋毫不私。

【释意】

1129—1130年，金兀术率领大军南下，攻入长江以南沿海地区，妄图夺取南宋政权，但是遭到了各地人民的英勇抵抗，受到了沉重的打击。宋代民族英雄岳飞（1103—1142年）率领“岳家军”，多次打败金兵，保家卫国。

岳飞参花

“岳家军”纪律严明。部队每次驻扎下来，岳飞就叫将士们刻苦操练，从斜坡上急驰而下，跳越壕沟，身上还得披着重重的铠甲。有一次，岳飞的长子岳云骑马从斜坡上急驰而下，坐骑跌倒了，岳飞大怒，把岳云鞭打了一顿。下令把取用老百姓一缕麻来捆草的士兵斩首示众。士卒在夜里露天而宿，老百姓主动打开房门请他们进屋，谁也不敢进去。岳家军有纪律：“冻死不拆屋，饿死不卤掠。”士卒患病，岳飞亲自为他调药；将领们到远方驻扎，岳飞让自己的妻子到将领的家中去慰问；岳飞为因公殉职的将士痛哭不止，并抚养遗孤，与烈士结亲。每有慰劳品下来，都无私地平分给士卒。

【含义用法】

“冻死不拆屋，饿死不卤掠”就是从这个故事来的。卤，劫夺。“冻死不拆屋，饿死不卤掠”的意思是，冻死也不打开老百姓的屋门，饿死也不劫夺老百姓的粮食。人们用它形容军队的纪律十分严明。

妒贤嫉能

【典源】

《汉书·高帝纪第一下》：项羽妒贤嫉能，有功者害之，贤者疑之，战胜而不与人功，得地而不与人利，此其所以失天下也。

【释意】

项羽，下相（今江苏宿迁西南）人，曾领导秦末农民起义。秦二世元年（公元前 209 年），他从叔父项梁在吴地起义。秦亡后，自立为西楚霸王，并大封诸侯王。在楚汉战争中，败在刘邦手下，自刎于乌江。

项羽是一个有勇无谋的武夫。在刚刚起兵时，手下曾有不少贤臣名将，如范增、陈平、英布、韩信等，因为妒忌他们而不加重用，致使这些人不是弃楚归汉就是忿然离去。韩信归汉后，成了刘邦和项羽争斗中致项羽于死地的得力大将。在著名的鸿门宴上，范增劝项羽杀掉刘邦，项羽优柔寡断，后来又中了陈平、刘邦施的反间计，罢免了范增的权力，致使范增忿然离去，病死途中。由于屡犯错误，项羽最后被围困垓下，“霸王别姬”，乌江自刎。

汉朝建立以后，有一次刘邦大宴群臣。席间，刘邦问自己夺得天下、项羽失去天下的原因。大臣高起、王陵回答说：项羽妒贤嫉能，容不得功臣贤人，才失掉了天下。

【含义用法】

“妒贤嫉能”即嫉妒和憎恨贤能之士。后人用这个典故比喻对有才能的人妒忌。

多行不义必自毙

【典源】

《左传·隐公元年》：公曰：“多行不义，必自毙。子姑待之！”

【释意】

春秋时，郑武公的妻子武姜因生郑庄公时难产，所以很讨厌他，并为他起名叫“寤生”。她想立次子共叔段为太子，郑武公没同意。后来寤生即位，即郑庄公。武姜又怂恿共叔段要求庄公把险要之地“制邑”封给他，为以后谋反作准备。大夫祭仲劝庄公要尽早采取对策，庄公认为多行不义必自毙，以后会有报应的。后来共叔段发动叛乱，果然自取灭亡。

【含义用法】

后指坏事做多了，一定会自取灭亡。

恶贯满盈

【典源】

《尚书·泰誓上》：“商罪贯盈，天命诛之。”孔颖达疏：“纣之为恶，如物在绳索之贯，一以贯之，其恶贯已满矣。”

【释意】

商朝末年，商纣王无道，引起了百姓和各诸侯的强烈不满。当时有一个诸侯叫姬昌，施行仁政，大家都称颂他，诸侯们也拥戴他，纣王认为他是心腹大患，就把他囚禁起来。后来姬昌的近臣搜集天下至宝献给纣王才把姬昌救出来。到他儿子姬发（即周武王）即位，便率领诸侯起兵讨伐商纣，一路上连战连胜。在牧野地方，与纣王的军队交战。周武王所率的是仁义之师，极得民心，于是纣王军队节节溃败，纷纷倒戈，结果纣王大败，自焚而死，商朝也就此灭亡。

【含义用法】

当周武王率军进攻纣王之前，曾巡视全军，发表演说，历举商纣的种种罪恶，号召大家同心协力，为民除害。这些讲话，都记录在《书经》的“泰誓”里，其中有“商罪贯盈，天命诛之”等语，后来的人，便将这两句话引申成“恶贯满盈”一句成语，比喻坏事做得太多或坏事已做到了尽头，该是受到惩罚的时候了。

尔虞我诈

【典源】

《左传·宣公十五年》：楚师将去宋。申犀稽首于王之马前，曰：“毋畏知死，而不敢废王命。王弃言焉！”王不能答。申叔时仆，曰：“筑室，反耕者，宋必听命。”从之。

宋人惧，使华元夜入楚师，登子反之床。起之曰：“寡君使元以病告，曰：‘敝邑易子而食，析骸以爨；虽然，城下之盟，有以国毙，不能从也。去我三十里，唯命是听！'"子反惧，与之盟，而告王，退三十里。

宋及楚平。华元为质。盟曰："我无尔诈，尔无我虞！"

【释意】

春秋时期，鲁宣公十四年九月，楚国去攻打弱小的宋国，楚庄王亲率大军，包围了宋国的都城。由于宋国军民同心协力，誓死不降，到第二年五月，宋都还是久攻不下。于是，楚庄王准备传令退兵。

楚国大夫申舟（名无畏，即毋畏）的儿子申犀在楚庄王的马前叩头说："我父亲知道自己一定会死在宋国，他为了不违背你的命令，毅然路过宋国。果然被扣身死。而你答应过父亲，如果被害，一定会攻打宋国。如今，你却要放弃以前的诺言了。"楚庄王无法回答。这时候，申叔时正在给楚庄王驾车，就提出建议，让楚军在阵地上修建房屋，并把一部分能够种田的战士派回去从事生产，以此表示我军要继续围困下去，这样宋国就会害怕而投降。楚庄王采纳了申叔时的建议。

对此，宋国果然感到害怕，就派官员华元深夜摸黑混进楚国的军营，把楚将子反从床上抓起来，说："我们国家现在很困苦，没有粮食吃，只好互相交换小孩来吃；没有柴烧，只好拆开尸骨当柴烧。尽管如此，如果你们要强迫我们签订丧权辱国的条约，我们全国上下宁肯战死，也决不会投降。如果你们退兵三十里，我们就接受你们的条件！”子反被华元抓住十分害怕，只好口头答应华元，然后才把这件事报告了楚庄王，楚军先撤退三十里。

接着，宋、楚二国订立条约，华元到楚国做人质。条约上写着：“我不欺骗你，你也不欺骗我！”

【含义用法】

“尔虞我诈”或“尔诈我虞”，都是从“我无尔诈，尔无我虞”这句话概括而来的。用来比喻互相猜疑，互相欺骗，与原故事的含义正好相反。

“易子而食”也出自这里。原意是交换子女以当食物，后来也用以形容灾民极其悲惨的生活。

耳闻不如目见

【典源】

西汉刘向《说苑·政理》载：战国时，魏文侯派西门豹去治理邺，嘱咐西门豹要亲自调查了解情况，不要轻信传闻。“文侯曰：‘……夫耳闻之，不如目见之……’”

【释意】

战国时，魏国的邺（古地名）地经常发生水灾。当地的一些官吏、乡绅与女巫勾结，假托为河伯娶妻，榨取了百姓的大量钱财，很多少女因此丧生，老百姓每天提心吊胆，生活困苦。为彻底根治邺地，魏文侯派西门豹去治理邺地。他命令西门豹要树立威信，推行仁义。

魏文侯郑重地告诫他说，到邺地以后，要尽量亲近豪杰贤士，向那些明辨是非、博学多闻的人学习，而且不能轻信传闻，要亲自调查了解情况。所谓“耳闻之不如目见之，目见之不如足践之，足践之不如手辨之”。意思是说耳朵听到的不如眼睛看见的，眼睛看见的又不如亲自去实践和摸索的。

西门豹到了邺地，果然亲自深入下层，了解民情。他利用智谋巧妙地制裁了危害百姓的巫婆、乡绅，打击了邪恶势力，并且组织百姓兴修水利，引来河水灌溉农田。水灾被制住，生产得到发展，邺地被治理得井井有条。

【含义用法】

后人用“耳闻不如目见”的典故强调亲自调查研究的重要性。

二者必居其一

【典源】

《孟子·公孙丑下》：前日之不受是，则今日之受非也；今日之受是，则前日之不受非也。夫子必居一于此矣。

孟 轲

【释意】

孟子周游列国，最先到达齐国，并向齐王提出许多建议，都没有被齐王采纳。孟子离开齐国时，齐王赠送给孟子一百金，被孟子拒绝。到了宋国，宋君赠送给孟子七十金，孟子却接受了。最后到了薛国，薛君赠送给孟子五十金，他又接受了。

孟子的学生陈臻于是向他请教："如果说您不接受齐王的赠金是对的，那么，接受宋君、薛君的赠金就不对了；如果说接受宋君、薛君的赠金是对的，那么，不接受齐王的赠金就不对了。一个人前后的行为应当一致，您只能在这二者中选择一种，怎么前后矛盾呢？"

孟子向陈臻解释说："一个人的行为是应该前后一致，但这其中是有原因的。离开宋国，我还要去很多地方，还要用到钱财，我能不接受吗？我到了薛国，看见到处都戒备森严，我住的地方有士兵站岗。薛君给我五十金，我可以把它分给士兵。至于齐国，齐王给我的赠金，我没有用处，怎么可以接受，如果接受，那不是向别人借钱吗？天下哪有君子向别人借钱的呢？"

陈臻听了，对老师的道理深表赞同。

【含义用法】

后人以“二者必居其一”说明只能在两样中选择一样。

翻云覆雨

【典源】

唐杜甫诗《贫交行》：翻手作云覆手雨，纷纷轻薄何须数。君不见管鲍贫时交，此道今人弃如土。

【释意】

春秋时，有两位名人众所周知，一个叫管仲，一个叫鲍叔牙。他们是贫贱之交的好朋友。管仲少时与鲍叔牙友善，两人一起在南阳做买卖，每次分钱管仲都要多分一些，鲍叔牙知道管仲要赡养老母，因此从不与他计较。管仲办事几次不顺利，鲍叔牙也不怨恨他愚笨。后来，鲍叔牙做了齐国的大夫，并极力向齐桓公推荐管仲做齐国的相国。管仲曾对人说：“生我者父母，知我者鲍叔牙也。”

唐代诗人杜甫一生处在李唐王朝由鼎盛走向衰颓的大动荡时期，他久居长安，深切体会到上层社会的世态炎凉、人情轻薄，不禁想起了管、鲍的友谊，所以抚今思古写出了这首诗，谴责那些反复无常、背信弃义的人。

【含义用法】

后人用“翻云覆雨”来比喻反复无常、背信弃义。多含贬意。

反客为主

【典源】

《三国演义》第七十一回：渊为人轻躁，恃勇少谋。可激劝士卒，拔寨前进，步步为营，诱渊来战而擒之：此乃反客为主之法。

【释意】

刘备统率大军前去攻取汉中。守将夏侯渊得知消息，忙差人报知曹洪，曹洪便连夜赶去许昌，禀知曹操。曹操听说此事大惊失色，急忙率领四十万精兵前去迎战。不一日，操军行至南郑，曹洪向他汇报战况。曹洪说张郃被打得大败，夏侯渊得知丞相兵到，固守定军山，未曾出战。曹操说不出战会显得我军怯懦，急忙命令夏侯渊进兵出击。夏侯渊得令，便派夏侯尚引三千兵马前去诱敌。蜀将黄忠见曹兵前来迎战，即派大将陈式出战迎敌。夏侯尚与陈式交战，不到几个回合，夏侯尚诈败而逃，陈式紧追不舍，行到半路，两山上滚木擂石打将下来，不能前进。正准备撤回时，背后夏侯渊突然杀出，把陈式生擒了去。部卒多降。有败军逃回，报知黄忠，黄忠慌忙去找法正商议。法正说：“渊为人轻躁，恃勇

【汉宫春晓图】卷 局部 ［清］院本 中国台北故宫博物院藏 72－3

【汉宫春晓图】卷 局部 ［清］ 院本 中国台北故宫博物院藏 72－3

少谋。可激劝士卒，拔寨前进，步步为营，诱渊来战而擒之：此乃反客为主之法。”黄忠采纳了法正的计谋，于是把各种物资赏与军士，军士欢声满谷。黄忠军步步为营，每营住数日之后又前进。之后，黄忠又生擒了夏侯尚，占据了杜袭守卫的阵地。为此，夏侯渊怒不可遏，立即要出战黄忠。张郃劝夏侯渊说：“这是法正的计谋，将军不可出战，只宜坚守。”夏侯渊拒不听从劝谏，分军围住对方，大骂挑战。任凭夏侯渊百般辱骂，黄忠就是壁垒坚守概不出战。下午，法正见曹兵倦怠，于是挥动令旗，鼓角齐鸣，喊声大震，黄忠一马当先，驰下山来。夏侯渊措手不及，被黄忠一刀砍为两段，黄忠斩了夏侯渊，曹兵大败，溃散而去。

【含义用法】

用以比喻变被动为主动。

方　兄

【典源】

《汉书·食货志下》“钱圆函方”注引孟康语：“外圆而内方也。”《晋书·鲁褒传·钱神论》：“亲之如兄，字曰‘孔方’。”

【释意】

我国古代有各式各样的钱币，战国晚期曾经有用金属铸造的“外圆而内方”的钱币。南北朝时，人们称钱为孔方兄，又称孔兄、方兄。

【含义用法】

后以“方兄”或“孔方兄”用为指称钱币的典故。也作“孔方兄”。

防民之口，甚于防川

【典源】

《国语·周语上》：邵公曰：“是障之也，防民之口，甚于防川。川壅而溃，伤人必多，民亦如之。是故为川者决之使导，为民者宣之使言。”

【释意】

西周的周厉王昏庸无道，全国百姓对他多有指责不满之言。

周厉王知道后，为了封住民众的口，在全国各地设了许多耳目，一旦发现有谁批评他的政事，议论他的不是，或是发牢骚表示不满，马上就抓起来杀头。于是人们都不敢在公开场合指责，在路上遇见只敢互相使眼色。周厉王自以为天下终于太平了。

有一个叫邵穆公的大臣不赞同厉王的言行。一天，他到宫里求见厉王，苦口婆心地劝谏他道：“要想阻止人民说话，不许他们批评朝政，就好比堵住河水不让它奔流。善于治水的人，应该替河水除去障碍，让水流畅通无阻，才不会发生大的灾害。现在大王阻止人民说话，比堵住河水更有害，应该让民言畅通，然后根据民众的意愿办事，这样国家才不会出大乱子，方可长治久安。”

可是，周厉王毫不放在心上，依然独断专行。三年后，他的统治被推翻，他自己被流放到北方去了。

【含义用法】

后人用“防民之口，甚于防川”的典故表示统治者压制民主，不让民众说话，是办不到的。

飞将数奇

【典源】

《史记·李将军列传》：“大将军（卫）青亦阴受上诫，以为李广老，数奇，毋令当单于，恐不得所欲。”

【释意】

李广是汉朝的名将，擅长骑射。他不擅言谈，但十分喜爱射箭。和将士们在一起，他总喜欢和人比赛射箭。每到一处，打听得有虎，他就一定要亲自去射。在右北平（今河北省东北部地区）的时候，他射死了猛虎，自己也因此受伤。一天，黄昏时分，在山林中的丛草里，见有一块巨石，以为是虎，就射了一箭。第二天去寻找猎物时，看到那支箭深深地射进石头里去了。唐诗人卢纶听说此事，写了一首诗赞道：

林暗草惊风，将军夜引弓；

平明寻白羽，没在石棱中。

李广在孝文帝时就参军了，在抵抗匈奴侵略的战争中，立过不少功。在汉景帝和汉武帝时代，李广几乎参加了抵抗匈奴的每一次战斗。而且屡次以少击多，出奇制胜。匈奴侵略者对于李广，又害怕又敬佩，称他为“飞将军”。

有一次，李广带领少数兵士越过长城去和人数众多的匈奴侵略者作战。因双方实力过于悬殊，李广不敌被俘。在被解往敌营的途中，他想方设法逃了回来，但是回来后，汉军却“按军法”判他死罪。他输纳了大量赎金，才以撤免官职了事。

过了几年，匈奴又大举进犯，李广又奉命带四千骑兵去抵抗。他被匈奴四万兵团团围住，部下都深感不安。李广派他儿子李敢，只带几十骑兵，从左到右，直穿敌人阵地，回来报告道：“没什么，匈奴不难对付！”使部下感到心安。李广亲自用最强劲的大弓，射杀敌人部将。连杀好几人，敌人的攻势渐见减退。李广指挥将士，沉着应战，气概从容，毫无慌乱之色，使大家信心大增。

李　广

这样支撑了两天，终于等到了援军，打退了敌军。

李广最后一次与匈奴作战，已经六十多岁了，可是他精神抖擞，毫无老态。这一次，大军由大将军卫青统率。李广在经过东路时因没有向导，迷了路，未能如期开赴指定地点，被借此问罪。李广气愤不过，自刎而死。

李广有个堂兄弟，名叫李蔡，汉文帝时，与李广同为郎一级的小官。声望远比不上李广，才能也很平凡。然而到了武帝时代，李蔡已被封侯爵，官居丞相。而李广这位一生与匈奴侵略者作战七十余次的“飞将军”，却下场悲惨。人们为李广抱不平，抱怨命运对他不公平，于是产生了“飞将数奇”这句成语。

【含义用法】

古人迷信，以偶数（双数）为吉利，奇数（单数）为不吉利。后来比喻能人而遭遇不佳，便叫“飞将数奇”。也作“飞将军”“飞将”“汉飞将”“李飞将”等。

非同小可

【典源】

《水浒》第二十九回：这是武松平生的真才实学，非同小可。打得蒋门神在地下叫饶。

武　松

【释意】

蒋门神靠着孟州张团练的势力，霸占了施恩的市井酒店快活林，又重伤了施恩。施恩病体稍有好转后，就请武松为他报仇，去快活林打蒋门神。武松路见不平，拔刀相助，于是满口答应，条件是在去快活林的道路上，每遇一个酒店要请他吃三碗酒。施恩想，从这里到快活林，沿途有酒店十几家，每遇一个酒店吃三碗，那武松不就烂醉如泥吗！武松看出施恩的内心活动后，大笑道："你怕我醉了没本事，我却是没酒没本事。喝一分酒，便有一分本事，五分酒，就有五分本事……"

武松在路上每家酒店喝三碗酒，到达快活林时已吃了五七分酒，他却装做十分醉的样子，前颠后偃，东倒西歪。武松刚一进入快活林酒店，就立刻要上等酒喝，故意寻衅滋事。酒保见状，慌忙去报告了蒋门神；蒋门神得知后，急忙奔来捉拿武松。蒋门神见武松从店里出来，心里先欺他醉，只顾赶将去。二人在大路上相遇，武松二话不说便冲向了蒋门神，武松先用拳头虚晃一晃，便转身，再飞起左脚，踢中了，转过身来，又飞起右脚。这一招唤做玉环步、鸳鸯脚。这是武松平生的真才实学，非同小可。打得蒋门神趴在地上连声求饶。

【含义用法】

“非同小可”用以形容事情重要或形势严重，不可轻视。

分道扬镳

【典源】

《北史·魏诸宗室·河间公齐》：孝文曰：“洛阳，我之丰、沛，自应分路扬镳。自今以后，可分路而行。”及出，与彪折尺量道，各取其半。

【释意】

南北朝时代的北魏，国都原在平城（今山西大同市东），魏孝文帝时迁都洛阳。当时元志担任洛阳令，他和御史中尉李彪曾经因为让道问题有过一次争执。

元志这人，是河间公元齐之子，仗着自己是皇帝亲族并有些才能，相当骄傲，看不起那些学问不高的达官贵族。有一天，他坐着车子正在街上走着，恰巧遇见李彪的车子迎面过来。那时，官员出门，总是前呼后拥的，官职越高，随行人马就越多，威风气派也就越大。老百姓早就在遇到时远远躲开了。官职低的官，也得让官职高的先走。如遇官职相仿，客气些的也就让道。元志官职比不上李彪，可是他瞧不起李彪，所以故意不让。李彪很生气，与元志就争吵起来。

元志和李彪到孝文帝面前去评理。李彪说，他是御史中尉，元志是地方官，理应给他让道。元志说，他是国都所在地的长官，住在洛阳的人都编在他主管的户籍里，不需要像普通地方官那样向一个御史中尉让道。

孝文帝听了，不愿意评判他们谁是谁非，便下令让他们分开走，各走各的。

【含义用法】

"分道扬镳"——镳，是马嚼子；扬镳，是驱马前进的意思。形容分路而行。比喻彼此才力相当，各有自己的地位，不让对方独步，也叫做"分路扬镳"。

风马牛不相及

【典源】

《左传·僖公四年》："四年春，齐侯以诸侯之师侵蔡。蔡溃，遂伐楚。楚子使与师言曰：'君处北海，寡人处南海，唯是风马牛不相及也，不虞君之涉吾地也，何故？'"《尚书·费誓》有"马牛其风"一语。风谓放佚，此处指牛马牝牡相诱相逐。

【释意】

春秋时期，齐桓公率兵打败蔡国。又继续去攻打楚国。

楚国认为齐桓公讨伐他们没有依据，派使者对齐桓公说："齐国地处北海，楚国地处南海，彼此之间风马牛不相及。你这次为什么要侵犯我国领土呢？”

齐国借口说楚国进贡的东西太少，还以齐昭王南征时淹死在楚国等为理由，坚持要攻打楚国。后来，楚国又派大夫屈完去齐国说理。齐桓公为了显示自己的强大与威风，将大军在召陵排列起来，带领屈完乘兵车观看。齐桓公对屈完说：“这样强大的军队，肯定攻无不克。用它去攻城，哪一座城池不能攻克呢？”

屈完毫不害怕，从容地回答说：“大王如果坚持要凭借武力来使我们屈服，楚国决不妥协，我们以方城（楚国的一座山）为城墙，以汉水为护城河，坚守顽抗。敌人人数再多，我们也不害怕。”

齐桓公见屈完说得的确有理，便下令停止了对楚国的进犯，与楚国订立了盟约。

【含义用法】

后来用“风马牛不相及”的典故比喻事物之间毫不相干，不能生拉硬扯到一块。

风中残烛

【典源】

刘因，字梦骥，元初睿城（现在河北省容城县）人。他非常聪敏，并且肯下苦功读书。著作有《静修集》《四书集义精要》等。

【释意】

刘因自幼便死了父亲，因此刘因对母亲很孝顺，长大以后，曾在朝廷任右赞善大夫。后来他因为母亲生病，就辞去了官职，回家侍奉母亲。

不久，朝廷又召他入朝为官，却被他婉言谢绝。有人问他为什么放弃做官的机会，他回答说："我母亲已经九十岁了，好比是'风中残烛'，怎么可以远去贪图一时的富贵呢？"

【含义用法】

人们用"风中残烛"形容老年人衰退三竭，在世不久。"风中残烛"亦作"风前之烛"或"风烛残年"，比喻年老体衰，朝夕不保。

冯唐易老

【典源】

《史记·张释之冯唐列传》："文帝辇过，问唐曰：'父老何自为郎？家安在？'唐具以实对……七年，景帝立，以唐为楚相，免。武帝立，求贤良，举冯唐。唐时年九十余，不能复为官。"

【释意】

冯唐的祖父是赵国人，父亲迁居到代地（今河北蔚县东北），汉初时迁居到安陵，冯唐十分孝顺，远近闻名，文帝时曾担任中郎署长。

文帝即位十四五年来，北方的匈奴经常侵扰边界，文帝十分担忧。

一天，文帝乘着车出外巡视，路过郎署时，看到一位老人前来迎驾，十分惊奇地问他是不是现任郎官，家住哪里。

“臣姓冯名唐，祖上原来是赵国人，臣父亲时才迁居到代地。”冯唐回答说。

汉文帝即位前曾在代地为王，就问他说：“我从前在代地时，经常听说赵将李齐，非常骁勇，可惜他现在已经去世，不知道你对他了解吗？”

“臣一向知道李齐非常勇敢，但我认为他远远比不上廉颇、李牧。”冯唐说。

文帝也知道廉颇、李牧是赵国的良将，不由叹息：自己没有廉颇、李牧这样的名将，才使匈奴猖狂。

冯唐大声说：“依我看，陛下手下就是有廉颇、李牧这样的将领，您也不能重用他们！”

文帝听了非常生气，立即下令掉转车头回宫去了。

文帝回到宫中以后，想想冯唐肯定有自己的理由，就命令内侍把冯唐召进宫来，问他为什么那样说。

“我听说李牧在赵国做大将的时候，他镇守边境市镇所收到的租税，全部由他支配，用来犒赏官兵，赵王丝毫不过问。所以李牧能竭尽全力守卫边防。现在陛下您却做不到信任将领。比如，魏尚做云中太守的时候，所收到的租税也全部用在手下的官兵身上，因此将士们都很听他的指挥，多次打败匈奴。可是陛下却为了他所报的斩敌数目稍微有点出入就罢了他的官，把他抓往监牢。所以臣才说陛下不能重用廉颇、李牧这样的将领。”冯唐这样回答道。

文帝听了恍然大悟，立即派冯唐去监狱释放魏尚，并仍任命魏尚做云中太守。接着，文帝又任命冯唐为车骑都尉。

匈奴听说魏尚又出任云中太守，就不敢再入侵骚扰。北方一带的边境，暂时又安稳下来。

文帝死后，冯唐没有被景帝重用，带着儿子冯遂回到家乡，过起了隐居生活。后来直到汉武帝即位，在全国寻访贤才，有人又推举了冯唐，可这时冯唐已九十多岁，已经没有能力再为朝廷效力了。

【含义用法】

现在人们常用“冯唐易老”这个典故来慨叹生不逢时，命运不好，或表示身已衰老，再不能有所作为了。也作“悲冯”“冯公老”“冯唐已老”“冯唐头白”“老冯唐”。

妇人之仁

【典源】

《史记·淮阴侯列传》：项王见人恭敬慈爱，言语呕呕。人有疾病，涕泣分食饮，至使人有功当封爵者，印刓敝，忍不能予，此所谓妇人之仁也。

【释意】

秦朝被灭，刘邦与项羽共争天下，韩信在萧何的推荐下被拜为大将，辅助刘邦。拜将之礼完毕后，刘邦与韩信谈论天下大事。韩信说："项羽平时对士兵慈爱关怀，但当有人立功封爵时，他却迟疑不决，舍不得把大印交出，致使大印被磨光了棱角。他只给人小恩小惠，这是妇人之仁，比不上天下豪杰的气魄啊！"

【含义用法】

本指妇人式的仁慈。后用于指只给人小恩小惠。

傅说版筑

【典源】

《尚书·说命上》："高宗梦得说……乃审厥象，俾以形旁求于天下，说筑傅岩之野，惟肖，爰立作相。"

【释意】

商朝传到武丁时已经历了二十多朝，相传武丁在民间长大，比较了解平民的生活。他继位时，商朝国势已很衰弱，他决定招贤士来巩固自己的国家。

一天晚上，天帝托梦于武丁，给他介绍了一位相貌堂堂的贤人，说："这是我赐给你的贤相，名字叫做说。"

武丁醒来，急忙召来画师，让他画出自己梦中的贤相，然后派人带着画像到各地去寻访。这时，在北海州的傅岩（今山西平陆县东），确实隐居着一个名叫说的贤人，他以所住地名为姓，名叫傅说。此人十分博学，忧国忧民。因为傅岩附近有一条大道经常被河水冲坏，给行人带来很多不便，官府便调派了一批服劳役的囚徒来修路。修路是一件很苦的事，尤其是夯实路基更为辛苦。一些囚徒家里富有，又不愿吃苦，就雇人顶替。傅说为了一日三餐，就受人雇用，和囚徒一起筑路，干得汗流浃背，浑身泥巴。

过了些日子，朝廷派出的使者来到傅岩，他们在筑路的囚徒中找到了傅说，带他到了京城。

武丁听说找到了梦中所见的贤臣，十分高兴，连忙召见。见他果然和自己梦中所见一模一样，而且名字确实叫说。交谈之中发现傅说学识渊博，很懂得治国之道，立即任命傅说为相国，辅助国政。

傅说做了国相，大力改革，用心辅助武丁，商朝渐渐又兴盛起来，国力也越来越强。

【含义用法】

后来，“傅说版筑”这一典故用来形容有才能的贤士隐居在野，用“版筑士”来称呼做过苦役而有才德的人。也作“板筑”“版筑”“傅岩之梦”“高宗梦”“梦相”“商岩发梦”“版筑士”“板筑臣”。

覆水难收

【典源】

春秋楚国《鹖冠子》：“太公（周姜尚，又名吕尚、太公望，俗称姜太公）即封齐侯，道过前妻，再拜求合（妻求复婚），公取盆水覆地，令收之，惟得少泥。公曰：‘谁言离更合，覆水定难收。’”晋王嘉《拾遗记》、宋王楙《野客丛书》卷二十八、清王仁俊《类林》亦辑此事。

【释意】

姜尚，字子牙，又称姜太公。他的祖先据说曾经帮助夏禹王治洪水，有过功劳，封在吕地，因此又姓吕，又名吕尚。他虽然很有才学，深通兵法，但是一直怀才不遇。他曾在朝歌（当时殷商的京城，今河南淇县）宰过牛，又在孟津（今河南孟县南，当时黄河上一个重要的口岸）卖过饭，还在别的地方做过一些别的行业，但是一直很困顿。他的妻子马氏，看不起他，不愿意过苦日子，于是和他恩断义绝。

后来，姜尚来到渭水边的蟠溪（今陕西宝鸡附近），在那里搭了间茅屋，住了下来，以钓鱼为生。渭水一带，那时是周民族的地区，首领就是周文王（姬昌）。姜尚很希望能遇见周文王，以使自己的才能有施展的机会。所以一直等待时机。终于周文王路过渭水边，遇见姜尚。谈话之后，周文王发现这位渔翁竟是个学识高超的大才，于是高兴地对他说："老先生，先祖太公说过：'将来准会有能人来帮助我们，我们将因此兴盛发达。'您就是太公所盼望的能人啊！"周文王恭敬地把年已八十岁的姜尚请回，并且拜他为国师，称他为"太公望""师尚父"或"尚父"。所以后来人们叫他姜太公，也叫吕望。

姜太公后来果然帮助周武王灭了商朝，建立了周朝的天下。他有功于周，被封为齐侯。这时，姜太公从前的妻子马氏，便后悔起来。当姜太公前呼后拥、风风光光地到齐国（在今山东）去时，在路上遇见一个妇女，跪着哭泣，一看，正是前妻马氏，她叩头要求恢复夫妻关系。姜太公于是叫人取过一盆水来，泼在地上，姜太公说："若是你那样走了，竟然还能恢复关系，那么这盆水泼了，你也一定能收回来！"

姜 尚

传说，汉朝朱买臣也有一段这样的故事：朱买臣家贫好学，依靠打柴卖得的钱来维持生活和学习。妻子嫌贫爱富，抛弃了他。后来，朱买臣做了大官，衣锦还乡，他前妻跪在他马前请罪。朱买臣命人泼下一盆水，叫她收回水来。还大大羞辱了她一顿。后来这段故事被编成了《马前泼水》一出戏。

【含义用法】

形容事情已经到了不能恢复、无法挽回的地步。也作“反水不收”“泼水难收”“水覆难收”。

干戈化玉帛

【典源】

《左传·僖公十五年》：穆姬闻晋侯将至，以太子莹、弘与女简璧登台而履薪焉。使以免服衰逆，且告曰：“上天降灾，使我两君匪以玉帛相见，而以兴戎。若晋军朝以入，则婢子夕以死；夕以入，则朝以死。唯君裁之。”乃舍诸灵台。

【释意】

春秋时期，秦穆公对晋惠公很友好，晋国发生饥荒，秦国送去粮食，帮助晋国度过难关。有一年秦国受灾，向晋国借粮，晋惠公却不答应，因此，秦穆公派人攻打晋国。晋国战败，军队撤退到韩地。晋军与秦军在韩地交战，刚刚拼杀，晋惠公的战车陷在泥坑中，结果晋惠公被俘。

秦穆公想把晋惠公带回国都，他的夫人穆姬听说后，非常悲伤。秦穆公夫人是晋献公的女儿，晋惠公夷吾是晋献公的儿子，他们是同父异母的兄妹。秦穆公夫人认为晋惠公忘恩负义，丧尽天良，沦为阶下囚是她极大的耻辱。所以她反对将晋惠公带入国都。

一天清早，秦穆公夫人领太子莹、儿子弘和女儿简璧，一齐登上一座高台，台下堆积柴草，准备烧死自己和孩子。她派侍者去通知秦穆公说："秦国和晋国本是友好邻邦，却不能玉帛相见，而是举师动众，大起兵戈，厮杀不断，这是上天降下的灾祸。我决意不见夷吾，如果你领夷吾早晨进入国都，那么我就晚上自焚而死；如果你领他晚上进入国都，那么我就早上自焚而死，请你自己拿主意吧！"

秦穆公无可奈何，只得把晋惠公留在灵台。有的大夫主张杀死晋惠公，有的提议留晋惠公的太子当人质。秦穆公想来想去，还是决定放回晋惠公，允许晋国与秦国媾和。

【含义用法】

"干戈化玉帛"，用以表示战争双方化敌为友。

干将莫邪

【典源】

汉赵晔《吴越春秋·阖闾内传》："干将者吴人也，与欧冶子同师，俱能为剑……莫邪，干将之妻也……于是干将乃断发剪爪，投于炉中……遂以成剑。阳曰干将，阴曰莫邪。"

【释意】

据说春秋时，越国铸的剑，无论是硬度和韧性方面，还是锋利程度方面，在各诸侯国中都是无与伦比的。原因是越国不仅出产的金铁（即铜锡矿石）质地好，而且有一些铸剑高手。其中最为著名的就是干将。

干将与一个名叫欧冶子的人，共同拜师学铸剑。他俩曾合作铸过三口铁剑，称为“龙渊”“泰阿”“工布”。后来干将来到吴国，与一个名叫莫邪的女子结成夫妇。他俩以铸造农具为生，有时也铸剑。日子久了，人们也就把他当作吴国人了。

吴国出产的金铁，质地不及越国的，设备也受到限制，所以干将在这里铸的剑，比不上先前与欧冶子合作铸造的。但比当地工匠所铸的剑，毕竟要强多了，所以他也有不小的名声。

公元前 514 年，阖闾（hé lǘ）即吴王位。为了加强军事实力，他很重视兵器制造。剑，是当时作战的主

莫干炼剑

要兵器，它是从原来较短的发展为较长的，并且武装到下层军官，成为进攻性的普通武器。吴国使用战车的士兵少而徒步行走的士兵多，剑的需要量更多。所以，阖闾上台后不久，就下令征发铸剑良工。于是，干将被征发去铸剑。阖闾听说干将应征，非常高兴，要他为自己铸一两口品质优良的宝剑。根据干将的要求，阖闾下令辟出一个铸剑场，调来许多工匠，还特地征发了三百名童男童女，专门为铸剑的炉子装炭鼓风。干将接连铸了好几把剑，送上去后都被阖闾退了回来，说是质地比不上他拥有的欧冶子所铸的剑。干将对来人申辩说："请你禀报大王：铸质地好的剑，一定要有质地好的金铁、合适的火候和高超的技术，三者缺一不可。我的技术与师兄欧冶子不相上下，但这里的金铁和火候比不上越国的。"好说歹说，阖闾才同意再给他三个月铸出好剑，不然就要严惩干将。干将于是立即开始了工作，莫邪也协助丈夫照料炉火。但近两个月过去了，炉子中的金铁还是没有熔化。一天，莫邪问干将："金铁至今没有熔化，是否质地有问题？"

"是啊，先师当年最后一次铸剑时，也碰到这个问题，后来……""后来怎么啦？先师采取了什么方法？"

"后来……"干将哽咽着说，"后来先师偕同先师母跳入炉火之中，才熔化金铁，铸出了好剑！”“这样不是要烧死的吗？”“铸不出好剑，越国的大王也要处死他。想不到我今天也碰到了这种情况。”莫邪坚决地说：“既然先师母能做到这样，那我也能做到这样！”

干将想了想，说：“也许可以不必投身于炉火之中，我以为如果把头发和指甲投入，也可能会使金铁熔化。”

于是，莫邪立即剪断头发，剪下指甲，将它们投入炉火之中。果然，在三百名童男童女不断地装炭鼓风下，金铁渐渐熔化。最后，终于铸成了两口好剑。

这两口剑，满饰龟甲纹的是雄剑，称为“干将”；满饰水波纹的是雌剑，称为“莫邪”。经过试验，锋利无比，可以用来切牛马、削金属、劈石头，质地超过了阖闾拥有的欧冶子铸的那口剑。

【含义用法】

后来，人们把“干将莫邪”比喻为宝剑，或比喻为良才美器。也作“干将”“干镆”“莫邪”“镆铘”。

杲卿发

【典源】

《新唐书》卷一百九十二《忠义中·颜杲卿》：“初，杲卿被杀，徇首于衢，莫敢收。有张凑者，得其发，持谒上皇。是昔见梦，帝寤，为祭。后凑归发于其妻，妻疑之，发若动云。”

【释意】

唐颜杲卿字昕，曾经代理常山太守之职。安禄山发动叛乱之时，杲卿守城，六日陷，因骂贼被断舌杀死。尸体没有人敢收。后有张凑得其发，拿给妻子看，妻子怀疑是否是颜公的头发，而头发竟然会动。

【含义用法】

后用为忠臣不屈尽节之典。

割席分坐

【典源】

《世说新语·德行》：管宁、华歆尝同席读书。有乘轩冕过门者，宁读书如故，歆废书出看。宁割席分坐，曰：“子非吾友也！”

【释意】

三国时魏人管宁和华歆（xīn），年轻时在一起读书，一同学习。但是两人却性格迥异。管宁俭朴好学，不慕富贵，华歆则恰恰相反。

一天，两人在菜园里锄地，忽然锄出一块金子来。管宁好像没有看到似的继续锄地。华韵却惊喜万分，立刻把金子拾起来，准备偷偷地装进腰包，但看到管宁一副冷淡的表情，又不好意思地悄悄抛下了。

又有一次，两人正在书房读书，恰巧有一位达官显贵从书房边经过，旗伞人马，前呼后拥，十分威风。管宁好像根本没有听见，一心读他的书。华韵却抛下书本，连忙奔出门去看热闹，看了好一会才回来。回来以后，还对管宁大谈那位贵官的排场如何如何阔气，流露出非常羡慕的神情。管宁对此深恶痛绝，于是抽出刀来，把两人同坐的席子，从当中一刀，割成两半，很严肃地对华歆说："你不是我的朋友，你别跟我坐在一起！"

【含义用法】

形容朋友因意见不合而绝交，彼此割断关系。从此就叫做"割席分坐"或"割席断交""割席绝交""管宁割席"。

割鸡焉用牛刀

【典源】

《论语·阳货》：子（孔子）之武城，闻弦歌之声。夫子莞尔而笑，曰："割鸡焉用牛刀？"子游（又称言偃）对曰："昔者偃也闻诸夫子曰：'君子学道则爱人，小人学道则易使也。'"子曰："二三子，偃之言是也。前言戏之耳。"

【释意】

孔子办学十分重视礼乐教化，他有一个学生叫言偃，字子游，在武城（现在山东省费县西南）做县令。

一次，孔子来到武城，听到一阵弹琴唱歌和读书的声音，知道子游在这里施行礼乐教化。在当时，一般的小县城是不会设置学校的。孔子认为在小县里兴办教育，颇为好笑，他笑着对子游说："割鸡焉用牛刀？"意思是说治理一个小城而施用礼乐教化之大道，就像用杀牛的大刀来杀鸡，大可不必。

子游不是那种在先生面前唯唯诺诺的学生，他听了孔子的话，认为老师批评得不对，就反驳说："您曾经教导我们，治民之人若懂得礼乐大道，就能够爱护老百姓；被治的老百姓受了教育，就会变得驯服，容易驱使。现在我在武城兴办教育，使之处处有弦歌诵读之声，正是按照您的教导去办的。"

孔子听了子游的一番解释，认为他说的话很有道理，于是收敛了笑容，很严肃地对当时在场的几个学生说："你们可要记住啊，言偃的做法是对的。我先前说的'割鸡焉用牛刀'只不过是和他开开玩笑罢了，你们可不要当真哟！"

【含义用法】

后人用"割鸡焉用牛刀"的典故比喻小题不必大作，或用来形容大材小用。

歌玉树

【典源】

《陈书》卷七《后主沈皇后传》附魏徵史论："后主每引宾客对贵妃等游宴，则使诸贵人及女学士与狎客共赋新诗，互相赠答，采其尤艳丽者以为曲词，被以新声，选宫女有容色者以千百数，令习而歌之，分部迭进，持以相乐。其曲有《玉树后庭花》《临春乐》等。"

【释意】

南朝陈后主陈叔宝不理朝政，日夜寻欢，荒淫无度，终日与狎客后妃宴乐，大奏新曲《玉树后庭花》等。

【含义用法】

后用为亡国之音的典故。

攻心为上，攻城为下

【典源】

《三国志·蜀书·马谡传》：用兵之道，攻心为上，攻城为下；心战为上，兵战为下。

【释意】

建兴三年，诸葛亮亲率大军远征南中，临行前，诸葛亮问马谡对他这次南征有什么良言相赠。马谡说："南中仗恃它路途遥远，地形险要，根本不肯服从。即使今日攻破了它，使它暂时降服，过些时日，必定又反。现在，您倾尽全国的兵力去讨伐南中，向它显示强盛和威风。南中知道我们表面势力强大，内里实际空虚，它的叛乱就来得更快了。如果我们将他们斩尽杀绝不留后患，则不符合仁者的情怀，而且也不可仓促行事。"

分析了一番之后，马谡又很郑重地说："用兵之道，攻心为上，攻城为下；心战为上，兵战为下。我希望先生此去，能够设法运用心战，收服南中人的心。"

诸葛亮深感马谡言之有理，决定采纳他的建议，因而，他七次抓住了南中的首领孟获，又七次将他释放。孟获千方百计与诸葛亮斗勇斗智，都不能取胜，最终心服口服，诚心归顺诸葛亮，使这次南征全胜而归。一直到诸葛亮寿终，南中都未敢谋反。

【含义用法】

后人用"攻心为上，攻城为下"的典故形容使人心服口服，胜过采用强硬手段。

狗烹弓藏

【典源】

《史记·越王勾践世家》：范蠡遂去，自齐遗大夫种书曰："蜚鸟尽，良弓藏；狡兔死，走狗烹。

越王为人长颈鸟喙，可与共患难，不可与同乐。子何不去？”

【释意】

春秋时，吴国打败了越国，越王勾践忍辱求和，被放回国。勾践回国后，立志雪耻。他历经磨砺，卧薪尝胆，后来终于灭了吴国。勾践能兴越灭吴，越国大夫范蠡（字少伯）在其中起了很大作用，可谓功德无量。然而，当勾践打败吴王夫差后，他没有留在朝中继续做官，而是向勾践辞官而去。据说他带了美女西施，驾一叶扁舟，纵情地漫游五湖，后来又四处行商，成为有名的富豪，人称“陶朱公”。

范　蠡

对于范蠡功成身退的举措，有些朋友不甚理解。范蠡在写给文种的信中，对自己的行为作了解释。他在信中写道：“我听说天有四时节气，春天来临冬天就去了。人的运气也有盛衰之分，得意的时刻过去就该倒运了。古时贤人，能做到适时进退。我非贤才，但也明白这一道理。如今天上的飞鸟已经散尽，良弓就会被收藏；狡猾的兔子已经猎完，好狗就会被杀来煮食。越王心地险恶，只能与他共患难而不可共安乐。如今吴国已破，天下太平，谋臣已经无用，若不适时抽身隐退，自己将要受害。”范蠡的确聪明。后来汉代的韩信不知功成身退，等被刘邦抓住要杀他时，才明白“狗烹弓藏”的道理，可惜太迟了。

【含义用法】

后人用“狗烹弓藏”或“兔死狗烹”的典故形容帝王建功立业后功臣反而受到猜忌或杀害，用以告诫人要适时进退。也做“鸟尽弓藏，兔死狗烹”“藏弓”“藏弓烹狗”“狡兔死良犬烹”“鸟尽废良弓”“叹良弓”“走狗烹”。

狗尾续貂

【典源】

《晋书·赵王伦传》：“诸党皆登卿将，并列大封，其余同谋者咸超阶越次，不可胜纪，至于奴卒厮役亦加以爵位，每朝会，貂蝉盈座，时人为之谚曰：‘貂不足，狗尾续。’”

【释意】

司马炎统一了魏、蜀、吴三国，建立晋朝。司马炎称帝之后，将家族中的子弟们都分封为王。他本以为这样可以巩固自己的统治地位。谁知事与愿违，诸王都在争权夺利，与中央政权分庭抗礼，使晋朝的内乱日益加剧。

到了晋惠帝时，赵王司马伦（三国时魏将司马懿

晋武帝司马炎

的儿子，“八王之乱”的八王之一）干脆废了皇帝，篡位自立。他做了皇帝后，将自己的亲信党羽、王亲宦戚等全部封以官爵，甚至连奴才仆人都有爵位。

按当时的规矩，大官的官帽上有金珰蝉形图案的装饰，并且插上名贵的貂尾，称为“貂蝉冠”。因得到封官的人很多，每次上朝，朝堂上都挤得满满的，而且有一多半都戴着“貂蝉冠”。

老百姓对这种任意封官、滥用世俗小人的情形深为不满，就编了一句谚语来讥讽他们，说是“貂不足，狗尾续”。意即朝中的大官太多，珍贵的貂尾不够用了，就用狗尾巴代替。实质上是说这些官们多是些如狗一般的卑劣小人，怎配坐上这些位置呢！

【含义用法】

后人用“狗尾续貂”的典故形容前美后丑，两者极不相称，如在佳作后面续了并不高明的一段作为结尾。又有人将之作为自谦词。也作“貂续”“狗尾续”“狗续貂尾”“尾续貂”“续貂”“续狗尾”。

挂羊头，卖狗肉

【典源】

《晏子春秋·内篇杂下》：灵公好妇人而丈夫饰者，国人尽服之。公使吏禁之，曰：“女子而男子饰者，裂其衣，断其带！”裂衣断带相望，而不止。

晏子见，公问曰：“寡人使吏禁女子而男子饰，裂断其衣带，相望而不止者，何也？”晏子对曰：“君使服之于内而禁之于外，犹悬牛头于门而卖马肉于内也。公何以不使内勿服，则外莫敢为也。”公曰：“善。”使内勿服。逾月，而国莫之服。

【释意】

齐灵公常叫宫中妇女穿戴男子服饰，同他一起玩乐，并以此作为乐趣。没想到全城妇女竞相效仿都穿起男服来，宽大的袍子，还加一根腰带，成了风行的时髦女装。齐灵公闻听此事非常生气，立即下令禁止，说：“妇女而穿男服者，撕碎她的袍子，割断她的腰带！”各级官吏纷纷派人四处执行撕袍割带的禁令，却怎么也禁不住。齐灵公请教晏子，晏子说：“您让宫中妇女穿男服，而不准外面的妇女穿，这就好比门外挂着牛头为幌子，而里面卖的都是马肉。您何不让宫中也不穿，那么外面谁还敢穿呢？”

【含义用法】

“挂牛头，卖马肉”（悬牛首于门，卖马肉于内），比喻用招牌骗人，名实不符，表里不一。也比喻用美好的名义作幌子，而实际尽干坏事。后来，作为成语，一般都说作“挂羊头，卖狗肉”。

管中窥豹

【典源】

南朝宋刘义庆《世说新语·方正》：“王子敬（即王献之）数岁时，尝看诸门生樗蒱，见有胜负，因曰：‘南风不竞。’门生辈轻其小儿，乃曰：‘此郎亦管中窥豹，时见一斑。’”

【释意】

东晋著名书法家王羲之第七个儿子王献之，也是一位享有盛名的书法家，当时人称他们父子为“二王”。

王献之幼时便聪慧异常。七八岁时，有一天他在家里看父亲的学生在玩樗蒱（chū pú，古时候的一种赌博游戏），忽然指着其中的一方喊道：“你这一方赢不了啦！”

学生见他年纪这么小，却说能看出谁胜谁负，便取笑他说：“这孩子从竹管里看豹，只能看到豹子身上的一处斑纹！”

其实，“管窥”这个词在这以前就出现了。战国

王羲之

时的庄子就曾说过，用竹管窥天，或者用铁椎来指地，都会觉得天地很小。三国时著名的政治家、军事家曹操，也曾经使用过“管窥”这个词。曹操很重视人才，在用人标准上，他反对把门第是否显赫放在首位的传统观念，而主张“唯才是举”。当时，豪族代表人物孔融反对并攻击曹操这样做。为此，曹操特地颁发了《论吏士行能令》，抨击孔融之流说的话非常片面，就像从竹管里去看老虎一样，只可能看到一点点，而不可能看到全部。

【含义用法】

后来，人们把“管中窥豹”作为典故，来比喻见到的只是局部而不是整体。又常常与“可见一斑”连在一起使用，比喻从看到的一部分中可以推测全貌。

广开言路

【典源】

《后汉书·来历传》：朝廷广开言事之路，故且一切假贷。

【汉宫春晓图】卷 局部 ［清］院本 中国台北故宫博物院藏 72－4

【汉宫春晓图】卷 局部 [清] 院本 中国台北故宫博物院藏 72-4

【释意】

东汉安帝（刘祜，107 – 126年在位）时，内侍江京和中常侍樊丰等人诬告太子刘保谋反。安帝信以为真，决定废掉太子刘保，为此征求文武大臣的意见。大将军耿宝等人主张废掉太子，大臣来历则认为太子年幼无知，主要责任不在太子，不应废掉。汉安帝不听从来历的意见，硬把刘保废为济阴王。

来历见自己的意见没被采纳，便约祋（duì）讽等十多个大臣一起到安帝那里去为太子说情。安帝见此情形，便派人拿着诏书去威胁这些大臣说：来历、祋讽等人不识大体，竟然敢同一些小人在一起吵吵嚷嚷，这哪里是对待君主的态度呢！本来，朝廷广开言路，让大家尽量发表意见，他们却把一切责任推给别人，谁再坚持错误见解，就杀头。来历由于一再坚持自己的意见，结果被罢了官。

【含义用法】

“广开言路”这句成语常用来指尽量创造使人们发表意见的机会。言路，进言的道路。

国色天香

【典源】

唐李浚《摭异记》中记述中书舍人李正封有诗道：“国色朝酣酒，天香夜染衣。”

【释意】

唐文宗非常喜爱诗歌。有一次，画家程修已陪伴他在内殿花园赏花游玩，文宗问他："如今京城里传颂的牡丹诗谁写的最好？"程修已回答说："中书舍人李正封有两句诗写得极好：'国色朝酣酒，天香夜染衣。'"

【含义用法】

原形容牡丹色香不凡。后多形容女子容貌美丽绝伦。

国士无双

【典源】

《史记·淮阴侯列传》："（萧）何曰：'诸将易得耳，至如信者，国士无双。'"

【释意】

秦末时，韩信投奔刘邦未得到重用，于是与其他将领一起趁机跑了。谋士萧何闻讯后没有来得及向刘邦请示便火速将韩信追回。刘邦质问萧何："逃跑的将领有几十个，为什么偏偏去追韩信呢？"萧何回答说："其他将领容易得到，而韩信国士无双，不可多得啊！"

【含义用法】

后指最杰出的人才。

虢灭虞亡

【典源】

《左传·僖公五年》："晋侯复假道于虞以伐虢。宫之奇谏曰：'虢，虞之表也。虢亡，虞必从之。晋不可启，寇不可玩，一之谓甚，其可再乎？谚所谓辅车相依，唇亡齿寒者，其虞、虢之谓也。'"

【释意】

春秋时候，晋献公想向近邻虞国借路，去攻打虢（guó）国，怕虞国不答应，更怕虢、虞两国联合抵抗晋国。晋国大夫荀息献计说："请把屈地出产的良马和垂棘出产的宝玉，作为礼物，送给虞公，这样，他一定会答应的。"

晋献公舍不得，说："这是我的宝物，怎么可以送人呢？"

荀息劝晋献公说："要是虞公受了礼物，答应借路，那么，这两种宝物好像暂时存在外面的库房里一样，将来还是属于我们的。"

晋献公说："虞国大臣宫之奇善于料事，他一定会明白我们的用意的。"

荀息说："宫之奇虽然善于料事，但为人懦弱，如果虞公不听他的话，他就不会坚持下去。况且虞公并不重视他，即使他坚决谏阻，虞公也是不会听从他的。”

晋献公同意荀息的意见，就派荀息做使者，带了礼物到虞国去，请求虞公借路。虞公得了晋国送来的珍贵礼物，眉开眼笑，满怀高兴，不但答应让晋国借路，还提出要和晋国一道攻打虢国。宫之奇坚决劝阻他，虞公果然不听。

不久，晋、虞两国联合出兵攻打虢国，把虢国的下阳拿下了。

过了三年，晋献公又派使者去虞国，要求再借路去攻打虢国。宫之奇劝阻虞公说：“虢国是虞国的外围，我们两国都是小国，互相依存，虢国亡了，虞国也一定跟着完蛋。晋国贪得无厌，我们不能引狼入室。上次我们借路给晋国，就已经做错了，怎么可以一错再错呢？俗话说唇亡齿寒，这话就像针对着我们虞国和虢国的关系说的。”

无论宫之奇怎么劝告，虞公总是不听。他又答应了晋国使者的借路要求。宫之奇不愿眼睁睁地看着自己的国家灭亡，就带领族人出走了。宫之奇临走时，对人说：“虞国的命运等不到年底了。晋国这次出兵，一举两得，以后用不着再出兵了。”

这年八月，晋献公率领军队，经过虞国，包围了虢国的国都上阳。到十二月初，晋军攻破上阳，把虢国灭亡了。晋军回国时，住在虞国，虞公毫不防备。晋军突然发起袭击，一下子灭掉了虞国，虞公和他的大臣都做了俘虏。晋献公早先送给虞公的良马美玉，也都回到了晋献公手里。

【含义用法】

后来，“虢灭虞亡”这个典故用来比喻相邻两国相互依存的利害相关。

过河拆桥

【典源】

《元曲选·康进之〈李逵负荆〉三》：你休得顺水推船，偏不许我过河拆桥。

【释意】

元顺帝初年，朝廷准备颁布废除科举的命令，但找谁来宣读这项命令呢？朝廷主管此项工作的中书右丞相思来想去，最后选定了同是科举出身的集贤殿大学士许有壬来宣读命令。

可是，许有壬感到十分为难，自己做官靠的就是科举，出来宣读这样的命令，不是出尔反尔吗？但不服从命令也不行。最后，许有壬还是在朝中宣读了这一命令，并带头抨击了科举的许多弊端。

治书御史普化见许有壬如此厚颜无耻，就讥讽他说：“如果参政（指许有壬）科举落第，恐怕现在只是一个普通的老百姓。科举有什么不好呢？你不是凭它做了高官吗？朝廷要你宣读命令，照章宣读也就是了，何必对科举制度进行百般侮辱呢？看来参政真是过河拆桥的人啊。”

【含义用法】

后常用“过河拆桥”比喻先利用他人，过后便一脚踢开。

害群之马

【典源】

见《庄子·徐无鬼》：牧马小童曰：“夫为天下者，亦奚以异乎牧马者哉？亦去其害马者而已矣！”

【释意】

相传远古时代，黄帝到具茨山去拜访神人大隗（wěi），途中遇到一位牧马童子。交谈之中，黄帝发现牧童非等闲之辈，于是向他请教如何治理天下。牧童说：“治理天下同牧马没有什么两样，只不过是把害群之马消灭干净！”黄帝听后大加赞赏。

【含义用法】

本指危害马群的马。后比喻危害集体的人。

撼山易，撼岳家军难

【典源】

《宋史·岳飞传》：善以少击众。欲有所举，尽召诸统制与谋，谋定而后战，故有胜无败。猝遇敌不动，故敌为之语曰："撼山易，撼岳家军难。"

【释意】

南宋末年，金兀术率军南下，遭到岳飞（1103 － 1142 年）率领的"岳家军"的顽强抵抗。"岳家军"纪律严明，具有很强的战斗力，因此得到广大群众的大力支持和拥护。

岳　飞

岳飞自幼熟读兵书，深有谋略，在战斗中善于以少胜多。在采取军事行动之前，岳飞把各位统帅召集到一起，群策群力，集思广议，商定之后才采取行动，所以打起仗来有胜无败。突然与敌人遭遇时，"岳家军"岿然不动，所以敌人谈起"岳家军"时，总是说："撼动高山容易，撼动岳家军却很困难啊。"

【含义用法】

"撼山易，撼岳家军难"就是从这个故事来的。

宋代岳飞统率的军队能攻善守，具有很强的战斗力，难以攻破。

好大喜功

【典源】

罗泌《路史·前纪》卷四《蜀山氏》：昔者汉之武帝，好（hào）大而喜功。

【释意】

西汉武帝刘彻（公元前140－前87年在位）在位期间，接受董仲舒的建议“独尊儒术”，作为巩固政权的工具；并采用法术、刑名，以加强统治。他颁行“推恩令”，使诸侯王多分封子弟为侯，以削弱割据势力；设置十三部刺史，以加强中央对地方的控制。他征收商人资产税，打击富商大贾；又采纳桑弘羊的建议，把冶铁、煮盐、铸钱收归官营；设置平准官、均输官，由官府经营运输和贸易。同时，他兴修水利，移民西北屯田，实行“代田法”，有利于农业生产的发展。他曾派张骞两次到西域各国，加强对西域的统治，并发展了经济文化交流。又派唐蒙至夜郎，在西南先后建立了七个郡。他还任用卫青、霍去病为将，攻击匈奴，解除匈奴威胁，保障了北方经济文化的发展。

刘彻十六岁当皇帝，在位共五十三年，做过一些前人未做过的事情，所以罗泌说他“好大喜功”——

心想做大事，立大功。但是，由于他崇尚武力，加之举行封禅，祀神求仙，挥霍无度，使徭役繁重，农民大量破产流亡。天汉二年（公元前99），齐、楚、燕、赵和南阳等地均曾爆发农民起义。

【含义用法】

“好大喜功”用以形容铺张浮夸的作风。

好 好 先 生

【典源】

冯梦龙《古今谭概·癖嗜》：后汉司马徽不谈人短，与人语，美恶皆言好。有人问徽：“安否？”答曰：“好。”有人自陈子死，答曰：“大好。”妻责之曰：“人以君有德，故此相告。何闻人子死，反亦言好？”徽曰：“如卿之言，亦大好。”

【释意】

东汉人司马徽从不谈论别人的短处，每当与人谈话之时，不论美丑善恶都说好。一次，有人对他说自己的儿子死了，他也说：“好！”妻子责备他说：“人家觉得你是个有德行的人才把事情告诉你，人家儿子死了，你怎么反而说好呢？”司马徽对妻子说：“你这样说也非常好！”妻子气得说不出话来。

【含义用法】

后指无原则、对谁都不敢或不愿得罪的人。

号令如山

【典源】

《宋史·岳飞传》：授飞镇宁、崇信军节度使，湖北路、荆襄潭州制置使，进封武昌郡开国侯；又除荆湖南北、襄阳路制置使，神武后军都统制，命招捕杨幺。飞所部皆西北人，不习水战，飞曰："兵何常，顾用之何如耳。"先遣使招谕之。贼党黄佐曰："岳节使号令如山，若与之敌，万无生理，不如往降。节使诚信，必善遇我。"遂降。

【释意】

1129－1130年，金兀术率军深入长江以南沿海地区，企图一举消灭南宋政权。但是，遭到了岳飞率领的"岳家军"的顽强抵抗。"岳家军"屡次挫败金兵，立下多次战功。

宋高宗绍兴五年（1135），岳飞出任镇宁、崇信军节度使，湖北路和荆、襄、谭州制置使，封为武昌郡开国侯；又出任荆湖南北、襄阳路制置使，神武后军都统制。皇帝下诏，命令岳飞征讨贼人杨幺。岳飞所率领的将士都是西北人，不习惯水战，岳飞说："用兵之道，没有一成不变的法则，只是看你如何运用罢了。"岳飞首先派遣使者去招降杨幺。

贼党黄佐说："岳节度使军纪森严，军令如山，如果同这样的军队对敌，一定不会有好下场，不如前往归降。岳节度使诚实守信，一定会友善地对待我们。"最终黄佐归降了朝廷。

【含义用法】

"号令如山"就是从这个故事来的，它的意思是发出的军令像山那样不可更移。人们用它形容军纪森严。

河东狮吼

【典源】

《容斋三笔·陈季常》："陈慥字季常，公弼之子，居于黄州之岐亭，自称龙丘居士，又曰方山子。好宾客，喜畜声妓，然其妻柳氏绝凶妒，故东坡有诗云：'龙丘居士亦可怜，谈空说有夜不眠。忽闻河东师子吼，拄杖落手心茫然。'"

【释意】

宋人陈慥，字季常，自称龙丘先生，又称方山子。他喜好宾客，家里养着一些歌妓。但他的妻子河东人柳氏却为人凶悍，又好妒嫉，因此苏东坡曾作诗讽刺说："龙丘居士亦可怜，谈空说有夜不眠。忽闻河东狮子吼，拄仗落手心茫然。"

【含义用法】

后比喻凶悍、爱妒嫉的妻子胡乱吵闹。

鹤立鸡群

【典源】

南朝宋刘义庆《世说新语·容止》：“有人语王戎曰：‘嵇延祖卓卓如野鹤立在鸡群。’答曰：‘君未见其父耳。’”

【释意】

嵇康，三国时代魏国人，是位著名的文学家和音乐家。嵇康身材高大，仪态俊逸，是“竹林七贤”之一。嵇康放荡不羁，性格耿直，对当时控制朝廷的司马氏集团采取不合作态度，后来终于被司马昭杀害。

嵇康死后，他的儿子嵇绍成了孤儿。嵇绍，字延祖，长大后，与他父亲一样，才华出众，身材魁梧，仪表堂堂，因此不论走到哪里，都非常引人注目。

西晋建立后，嵇绍被朝廷征召到京都洛阳做官。有人见了他后，对“竹林七贤”之一的王戎说：“昨天我第一次见到嵇绍。他长得高大雄伟，在人群之中，就像一只仙鹤站立在鸡群里一样引人注目。”

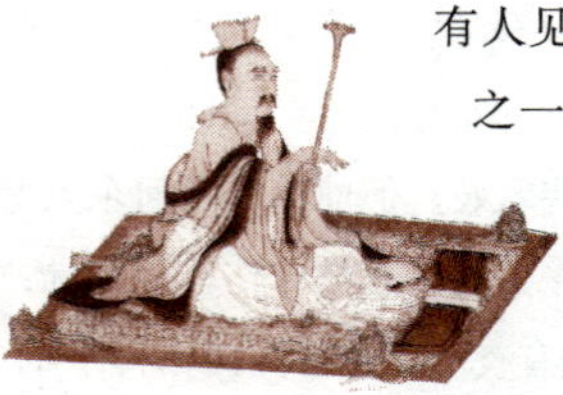

王 戎

王戎听了说："喔，你还没有见过他父亲嵇康的风度呢，更胜过他哩！"

晋惠帝司马衷继位后，嵇绍担任侍中，在皇帝身旁供职，经常出入宫廷，颇受信任。尽管当时王室成员争权夺利，互相攻杀，局势动荡，但嵇绍对晋朝非常忠诚。

291年，西晋皇族内部发生了"八王之乱"，河间王司马颙（yóng）和成都王司马颖联合进兵京都洛阳。嵇绍随惠帝出兵迎战，在汤阴（今河南省汤阴县）打了败仗。当时，将领和侍卫中有不少逃跑，但嵇绍始终护卫着惠帝。叛军的箭雨点般地射来，嵇绍身中数箭，鲜血溅到了惠帝的战袍上，最后伤重死去。惠帝对此非常感动，战斗结束后，侍从要洗去惠帝战袍上的血迹，惠帝加以阻止，说："不能洗掉，这是嵇侍中的血啊！"

【含义用法】

"鹤立鸡群"的典故，就来自这段故事。后人用来形容仪表出众或品质、才能高于一般人。也作"出群野鹤""鹤举鸡群""嵇鹤""野鹤姿"。

鸿鹄之志

【典源】

《史记·陈涉世家》："陈胜者，阳城人也，字涉……陈涉少时，尝与人佣耕，辍耕之垄上，怅恨久之，曰：'苟富贵，无相忘。'庸者笑而应曰：'若为庸耕，何富贵也？’陈涉太息曰：‘嗟乎！燕雀安知鸿鹄之志哉！’”

【释意】

秦朝末期，老百姓受到的压迫和剥削非常残酷。农民被迫把收获物品的三分之二作为赋税，交给朝廷。他们还要负担沉重的兵役和徭役，很多人被迫去建造宫殿坟墓、修筑长城、镇守边境。秦朝的法律也很残酷，往往一人犯罪，亲属都要受到株连，路上到处可以看到被押送去官府的罪犯。百姓对当时的统治阶级早已恨之入骨。

当时，阳城（今河南登封东南）有个雇农，姓陈名胜，字涉。陈胜虽然出身贫贱，却从小就有大志，希望将来能干一番事业。他看到秦朝暴虐无道，百姓吃尽了苦头，便决心改变这种状况。

一天，陈胜和一些雇工一道到地里干活。他们在田头休息时，一个雇工恨恨地说：“这种世道，真叫人苦得没法活下去！”

另一个雇工说：“有什么办法呢？我们还得活下去呀！”

陈胜听了，连声叹气。过了一会，他对大家说：“今后如果谁富贵了，大家可不要互相忘记呀！”雇工们都笑着说：“你也是受人雇佣的帮工，哪里来的富贵呀！”

陈胜又叹了一口气，说：“唉！燕子麻雀怎么能知道鸿鹄（天鹅）的志向呢？”

那些雇工听了，都哈哈大笑起来。他们当然谁也不可能想到，后来陈胜在大泽乡发动起义，成了中国历史上第一次农民大起义的领袖。

【含义用法】

后来，“鸿鹄之志”这个典故用来形容志向远大，而用“燕雀”指安于现状、平庸无能的人。

呼 风 唤 雨

【典源】

《三国演义》第四十九回：亮虽不才，曾遇异人，传授奇门遁甲天书，可以呼风唤雨。都督若要东南风时，可于南屏山建一台，名曰“七星坛”……亮于台上作法，借三日三夜大风，助都督用兵，何如？

【释意】

周瑜与曹操大战于三江口。曹操兵多将广，防守严密，要进攻，困难很大。为此，诸葛亮和周瑜商量，决定以火攻取胜。一切准备工作顺利进行，但周瑜想起时至冬日，自己的船停在江南，曹操兵船却在西北，如果用火攻的话，西北风一来，岂不是引火烧身么？周瑜眼见情势危急，无计可施，便病倒在床。诸葛亮去看他，周瑜不愿说实话，只是应付孔明说：“人有旦夕祸福，谁又能不生病呢？”而孔明却故意神乎其神地说：

诸葛亮

"天有不测风云，人又怎么能料得定呢？"周瑜觉得孔明话中有话，便忙问有何良药可治好他的病。孔明写了十六个字递给周瑜。这十六个字是："欲破曹公，宜用火攻；万事俱备，只欠东风。"周瑜见孔明早已洞悉他的心事，只得以实情相告，并请孔明告之以解危救困之法。孔明笑笑说："亮虽不才，曾遇异人，传授奇门遁甲天书，可以呼风唤雨。都督若要东南风时，可于南屏山建一台，名曰'七星坛'……亮于台上作法，借三日三夜大风，助都督用兵，怎么样？"周瑜听了大喜，便令五百精壮兵士往南屏山筑坛。

【含义用法】

此典故用以比喻人民群众具有支配自然的强大力量，有时也形容反动势力的煽动。

虎头蛇尾

【典源】

清李伯元（李宝嘉）《官场现形记》第五十七回：谁知闹来闹去仍旧闹到自己亲戚头上，做声不得，只落得个虎头蛇尾。

【释意】

清代，官场极为污浊混乱，尤其是捐例大开之后，官吏及候补官员可谓鱼龙混杂，良莠不齐。做上司的人，专挑那些有来头、有交往的人充任官职。而一些有真才实学却无门路的人则一辈子也谋不到个一官半职。鉴于这种情况，京城一位都老爷便上了一个奏折，要求整顿吏治，甄别贤愚，重用有真才实学之人。奏折呈上，皇上准奏。不久，湖南巡抚接到圣谕，认真对待，立即要对各级官员进行考试。众官吏慌了手脚，因为其中有十分之六七的人连字都不会写。为了保住乌纱帽，他们四处奔忙，想方设法请人代考。到了考试那天，巡抚大人亲临考场，严肃慎重，因而考场气氛十分紧张。试题发下之后，一时人头簇簇，言语四起，共同商量。正在紧张时刻，忽然听得一片喧闹之声，说抓住了一个替考者。巡抚大人得知，忙说："冒名顶替，照考试定章办起来是应斩头的……兄弟今天定要杀一儆百，让众人当面看看，好叫他们有个惧怕。"说着，即叫传令。众官吏一听说要杀人，都跑来观看。哪知等了半天，一点响动也无。后来一打听，才知道那个顶替者正是巡抚二少爷的妻舅请来的。因为巡抚大人二少爷的妻舅用钱买了个知府的官职，他本人却一窍不通，逢着巡抚考官，都请人代替。湖南抚台本想借这事大作一番文章，"谁知闹来闹去却闹到自己亲戚头上，做声不得，只落得个虎头蛇尾。"后来抚台又怕招来闲言闲语，便装腔作势地叫手下人去斟酌办理。

【含义用法】

用以比喻做事前紧后松，有始无终。

画饼充饥

【典源】

《三国志·魏书·卢毓传》：魏明帝曹叡让卢毓去选拔中书郎，要求他不要去找徒有虚名的人。他比喻说，“选举莫取有名，名如画地作饼，不可啖也。”

【释意】

三国时魏国的大臣卢毓，是东汉名臣卢植的小儿子。卢毓十岁就父母双亡，两位兄长又先后死去。卢毓为人忠厚，敏而好学，且学而不厌。成年后，即便在兵荒马乱中，卢毓依旧发奋读书，学识超群，同时辛勤地供养寡嫂和侄儿。因此他的道德和学问都受到世人的一致称赞。

后来卢毓当了官，为官清正，受到朝廷重用，被升任为侍中，侍从皇帝左右，经常出入宫廷。任职三年，又做出不少成绩。魏明帝曹叡很信任他，升他为中书郎，掌管机要、政令等事宜。后来又提升他为吏部尚书，掌管全国官吏的任免、升降、调动等事务。

那时，选拔官吏实行的是“察举制”，即由地方政府向朝廷选送品行优良的人（称为孝廉）担任官吏。地方上选送的，往往是有名的人物，至于这些人的德行家境如何，是不太考虑的。不少选送上来的人只重清谈，不务实际，互相吹捧，德行并不好。

卢毓对此极力反对。因此他在选拔和推荐人才时，总是先考虑德行，然后再考虑才能。有人问他为什么要这样，他说：“朝廷要人的才能，是为了用来做好事的，所以大才能应该做出大好事，小才能应该做出小好事。如果某个人有才能而做不出好事，那么他的才能就不应该是朝廷所需要的了。”

卢毓被提升为吏部尚书后，他原来担任的中书郎一职出缺，需要有人补上。为此魏明帝对卢毓说：“这次朝廷选中书郎能否选到合适的人，关键就看你了。挑选人才，千万不要选那些只有名气而没有实际才干的人，名气就像是在地上画的饼，不能当饭充饥的。”

卢毓回答说：“要选拔特别优秀的人才，当然不能单看名气。但是，名气毕竟反映一定的情况。根据一个人的名气，来选拔一般的人才，还是可以的。如果是因为修养高、德行好而有名的，就不应该嫌弃他们。为此，陛下也不要一听见有名气就讨厌。我以为主要是要对他们进行考核，看他们是否有真才实学。全靠名气来决定升降，必然会真伪难辨。”

魏明帝听从了卢毓的意见，下令制定考核法。

【含义用法】

“画饼充饥”这个典故就是从这个故事中引申出来的。后人用来比喻徒有虚名，不能解决实际问题，或者比喻用空想来作自我安慰。也作“充饥画饼”“画饼充肠”“画饼”“画地为饼”。

画龙点睛

【典源】

唐张彦远《历代名画记》：金陵安乐寺四白龙于壁，不点眼睛，每云：点眼即飞去。

人以为妄诞，因请点其一。须臾，雷电破壁，两龙乘云腾去上天，二龙未点睛者见在。

【释意】

相传在南北朝时期，梁朝吴地有一个名叫张僧繇的画家。他官居右军将军，擅长画龙，尤其善于画像。一天，他画兴大发，在金陵（今南京）安乐寺墙壁上画了四条龙，偏偏不点眼睛。他说，如果点上了眼睛，龙就要飞走了。有人认为，张僧繇在吹牛皮，说大话，就请他给龙点上眼睛，看看龙究竟会不会飞走。

张僧繇刚刚给龙点上眼睛，突然间雷电大作，轰毁了墙壁，两条点上眼睛的龙腾空而起，踏着云朵飞上了蓝天。而没有点上眼睛的两条龙，依然静静地停留在墙壁上。

【含义用法】

原形容张僧繇文才出众，画技高超。今天用以比喻说话或作文章时善于抓住本质，一语道破，使言论或文章深刻、精当和传神。

毁钟掩耳

【典源】

《吕氏春秋·不苟论·自知》：范氏之亡也，百姓有得钟者。欲负而走，则钟大不可负。以椎毁之，钟况然有音。恐人闻之而夺己也，遽掩其耳。

【释意】

范氏灭亡的时候，老百姓中有一个人偷得了一口钟。他想背起逃跑，可是钟太大背不动。他就用铁椎把钟砸破，铁椎刚一落下，钟便发出了巨大的响声。他唯恐别人听见之后从自己手里把钟夺走，就赶紧用手把自己的耳朵紧紧捂住。

【含义用法】

“毁钟掩耳”用以嘲讽那些以为自己不知道的事，别人也一定不知道的蠢人。

火树银花

【典源】

《南齐书·礼志上·晋傅玄朝会赋》：“华灯若乎火树，炽百枝之煌煌。”

唐苏味道《正月十五夜》（一作《观灯》）诗：火树银花合，星桥铁锁开。暗尘随马去，明月逐人来。游妓皆秾李，行歌尽落梅，金吾不禁夜，玉漏莫相催。

【释意】

唐睿宗是唐代君主中最懂得享受的一位皇帝，虽然他只当了一年的皇帝，但不管大小事情，他总是大肆铺张，耗费大量的人力物力。元宵佳节，一定要扎起一座二十丈高的灯柱，点起五万多盏灯，称为“火树”。后来诗人苏味道就拿此事做题目，写了一首诗，描绘当时的情形。这首诗生动而真实地再现了当时的热闹景象。

【含义用法】

用以形容辉煌的灯火。

鸡鸣狗盗

【典源】

《史记·孟尝君列传》：齐湣王二十五年，复卒使孟尝君入秦，昭王即以孟尝君为秦相。人或说秦昭王曰："孟尝君贤，而又齐族也，今相秦，必先齐而后秦，秦其危矣！"于是秦昭王乃止。囚孟尝君，谋欲杀之。孟尝君使人抵昭王幸姬求解，幸姬曰："妾愿得君狐白裘。"此时孟尝君有一狐白裘，直千金，天下无双，入秦献之昭王，更无他裘。孟尝君患之，遍问客，莫能对。最下坐有能为狗盗者，曰："臣能得狐白裘。"乃夜为狗，以入秦宫藏中，取所献狐白裘至，以献秦王幸姬。幸姬为言昭王，昭王释孟尝君。孟尝君得出，即驰去，更封传，变名姓以出关。夜半至函谷关。秦昭王后悔出孟尝君，求之，已去，即使人驰传逐之。孟尝君至关，关法鸡鸣而出客，孟尝君恐追至。客之居下坐者有能为鸡鸣，而鸡齐鸣，遂发传出。出如食顷，秦追果至关，已后孟尝君出，乃还。

【释意】

战国时，齐国的大贵族田文，号孟尝君，被齐湣王任命为相国，声望很高。家中蓄养了大量门客，《史记》说他有"食客数千人"。这数千人中，有不少是被认为颇有才学的，他们为主人出主意，想办法，忠心耿耿，尽力效劳。

一天，秦昭王邀请孟尝君访问秦都咸阳。昭王慕其名，想拜他为相。有人反对，说他是齐国的王族，怎肯心向秦国。劝昭王把他杀掉。孟尝君心急如焚，急忙托人去向秦昭王的宠妃燕姬求救。燕姬提出要孟尝君送她一件贵重的礼物才肯救援,而且指定要一件狐白裘(纯白的狐毛袍）。可是孟尝君仅有的一件价值千金的狐白裘，已经先送给昭王了，怎么办呢！这时，随行的门客中有个善于偷东西的人，在黑夜里潜入秦宫，偷出了那件狐白裘，立刻把它献给燕姬。在燕姬的劝说下，昭王果然答允放走孟尝君，让他们回国去。孟尝君料到昭王要后悔，就立刻逃去。逃到函谷关（今河南灵宝县东南），正是半夜。关上规定，每晨鸡鸣以后才能开关让商旅通行。这时，门客中又有一个善于模仿鸡鸣的人，他“喔喔”地叫了几声，引得附近村子的鸡都叫了起来。守关的人以为天亮了，便打开关门，让他们过关，逃出了秦国。等秦昭王派兵追来的时候，他们早已逃之夭夭了。

【含义用法】

由于这个故事，产生了成语“鸡鸣狗盗”或“鸡鸣狗盗之徒”，用来形容没有真才实学，只有些雕虫小技的人。多用于贬义。

急则抱佛脚

【典源】

宋刘邠（bān）《刘贡父诗话》：王丞相好嘲谑，尝曰："投老欲依僧。"客对曰："急则抱佛脚。"丞相曰："投老欲衣僧是古诗。"客曰："急则抱佛脚亦是俗谚。"

王安石

【释意】

北宋时王安石有一次与客人闲谈时随口说了一句"投老欲依僧"，客人马上对了一句"急则抱佛脚"。王安石冲客人一笑说："我这是一句古诗啊！"客人也不含糊，答道："我这'急则抱佛脚'也是一句俗谚啊！"

【含义用法】

本指着急了才到佛前求救。后比喻平时不努力，事到临头才设法应付。

疾风劲草

【典源】

《后汉书·王霸传》：光武谓霸曰："颍川从我者皆逝，而子独留。努力！疾风知劲草。"

【释意】

西汉末年，有个名叫王霸的，字元伯，颍川郡颍阳（今河南许昌县附近）人。刘秀起兵反抗王莽，部队经过颍阳时，王霸带领了一帮朋友去拜见刘秀，请求参加队伍，刘秀欣然答应了。从此，王霸忠心耿耿，协助刘秀，屡立战功。特别是在昆阳（今河南叶县）大破王莽的战役中，立下了功劳，取得了刘秀的信任。王霸曾请他父亲也参加刘秀的部队，他父亲说：“我老了，不宜过军中生活，你好好干吧！”王霸果然越干越积极，不久刘秀当上了大司马，王霸也就当上了功曹史。

可是，刘秀的部队渡过黄河，在河北一带镇压各路农民起义军的时候，战事却并不顺利。当初和王霸一同入伍的那一帮朋友，都一个个悄悄逃走了，只有王霸还是死心塌地，为刘秀竭尽忠诚。刘秀因此更加信任他了，并且对他说：在颍川投奔我的人现在都走光了，只剩你还留下为我出力，真是疾风知劲草啊！

刘秀做了皇帝（东汉光武帝）之后，即以王霸为偏将军，又任命他为上谷太守（上谷郡，在今河北中部和西部地区）。王霸在上谷二十多年，始终是光武帝刘秀的心腹将领之一。

【含义用法】

“疾风知劲草”的意思是说：经过了猛烈的大风，才知道哪些草是顽强有力、摧折不了的。人们都用它来比喻立场的坚定不移，即使遇到大难也决不变节。就是说，能经得起最严重的考验。

“疾风知劲草”，也可简作“疾风劲草”。

既往不咎

【典源】

《论语·八佾》：哀公问社于宰我。宰我对曰：“夏后氏以松，殷人以柏，周人以栗，曰使民战栗。”子闻之，曰：“成事不说，遂事不谏，既往不咎。”

【释意】

春秋时，鲁哀公问孔子的弟子宰我：“夏、商、周三代祭祀土神的牌位用的是什么木料？”宰我说：“夏代用松，商代用柏木，周代用栗木，周代之所以用栗木，是想让老百姓害怕得颤栗发抖。”其实古代祭祀土神的牌位所选用的木料，应当是各朝最适宜生长的树木，取用什么木做牌位并无其他含义。因此孔子知道后，严厉批评了宰我，最后对他说：“已经做成的事就不必再解释了，事情尚未完成但已成定局的就不再挽救，对过去做错的事也不再追究。”

【含义用法】

后指对过去的过错不再责怪追究。

家徒四壁

【典源】

《史记·司马相如列传》："文君夜亡奔相如，相如乃与驰归成都，家居徒四壁立。"

【释意】

司马相如，西汉著名文人，蜀郡成都人。司马相如从小喜欢读书，学过剑，琴也弹得很好。

司马相如年轻时来到长安，花钱买了个卫士的职位。可汉景帝是相信道家之术的，不喜欢做诗写文章，司马相如又没有多少武艺，因此也没有受到重视。

后来，梁王刘武带着几个文人来朝见汉景帝。司马相如趁机和那些文人交朋友，接着便投靠了梁王。他在梁国一住几年，写了一篇著名的《子虚赋》，从此名声大震。

梁王刘武死了，司马相如回到老家成都。家境穷困又无事可干，于是就到临邛县去投靠他的好朋友王吉，王吉当时任临邛县县令。在临邛，县令王吉为了抬高司马相如的身价，两人商量了一个办法：王吉请司马相如住在高级的驿馆中，自己每天亲自去拜访他，这样没过多久，临邛城里都知道司马相如是县令的贵客。

临邛城中有一个大财主名叫卓王孙，卓王孙有个女儿叫卓文君，刚死了丈夫，住在娘家。卓文君长得十分美丽，而且琴棋书画无所不通。司马相如知道后，很爱慕卓文君，他和王吉商量后，趁卓王孙宴请宾客之机，便来到卓王孙家作客。卓

卓文君

王孙见能请到县令的贵客，也很高兴。席间，王吉提议司马相如弹琴，司马相如优美的琴声引来了卓文君。她从屏风后露了一面，恰被司马相如看到，四目相视，一见钟情。司马相如又弹了一曲《凤求凰》，大胆地向卓文君求爱。卓文君看到司马相如风度翩翩，又很有才华，便也倾心相许。

当天晚上，司马相如得到王吉帮助，买通了卓文君的使唤丫头，转给了卓文君一封求婚信。卓文君看了，怕父亲不同意自己与司马相如的婚事，毅然跟着司马相如私奔，回到了成都。

卓文君来到成都司马相如家中，才知道司马相如是个穷光蛋，家里除了四面的墙壁外，家具陈设一无所有。但是，卓文君没有灰心，没有丧气，她把随身的首饰变卖了，和司马相如一起艰苦度日，夫妻俩过得十分恩爱。

过了一段时间，卓王孙承认了这门亲事，给了他们很多钱，他们的生活才逐渐富裕起来。

【含义用法】

后来，“家徒四壁”这一典故用来形容家境贫寒，一无所有。

渐入佳境

【典源】

《世说新语·排调》：“顾长康（顾恺之）啖甘蔗，先食尾，人问所以，云：‘渐至佳境。’”

【释意】

东晋人顾恺之，字长康，小名叫虎头，晋陵无锡（今属江苏）人。顾恺之多才多艺，不但诗赋写得很好，而且字也写得十分漂亮。他最擅长的是绘画，是当时著名的画家。人们称他为“三绝”（才绝、画绝、痴绝）。

他年轻的时候，曾经做过大司马（最高军事统帅）桓温的参军。那时东晋地方割据十分严重，桓温主张国家统一，常常率领部队去讨伐那些割据势力，顾恺之也跟随桓温南征北战许多年，桓温很器重他，两人结下了十分深厚的友谊。

有一次，顾恺之跟随桓温乘着一艘大船到江陵去视察部队。到江陵的第二天，江陵的官员前来拜见桓温，并送来了很多捆当地的特产——甘蔗。桓温见了十分高兴，就说：“这里的甘蔗是十分有名的，大家一起来尝尝。”

他的部下听了就每人拿了一根吃了起来。大家一面吃，一面高兴地说：“真不亏是特产，甜极了！”

这时，只有顾恺之独自一人出神地欣赏着江陵的美好景色，没有去拿甘蔗吃。桓温见了，故意挑了一根长长的甘蔗，走到顾恺之面前说：“你也拿一根尝尝。”

说着，他把甘蔗末梢那一头塞到顾恺之手中，顾恺之仍专心致志地欣赏着风景，看也不看，就拿着甘蔗末梢啃了起来。

桓温见了顾恺之的吃相，忍不住笑问：“这根甘蔗甜吗？”

旁边的人也一起嬉笑着说：“我们吃的甘蔗甜极了，不知顾参军吃的甘蔗甜不甜呢？”

顾恺之这才回过神来，看到自己啃的是甘蔗的末梢，才明白大家为什么嬉笑。他灵机一动，举起甘蔗说：“你们笑什么！我看你们根本不懂甘蔗的吃法，吃甘蔗可大有讲究呢！”大家见他一本正经的样子，笑着问道：“吃甘蔗还能吃出什么名堂来呢？你说说你为什么要从甘蔗末梢吃起吧！”

顾恺之半真半假地说：“你们一开始就吃最甜的那一段，越吃越不甜，吃到后来，就倒胃口了。而我从梢部吃起，越吃越甜，越吃越有味道，这种吃法叫‘渐入佳境’。”

大家听了，一起大笑起来。

【含义用法】

现在“渐入佳境”这个典故常常用来比喻境况一点点好起来。

将欲取之，必先予之

【典源】

《战国策·魏策一》：“知伯索地于魏桓子，魏桓子弗予。任章曰：‘何故弗与？’桓子曰：‘无故索地，故弗予。’……君与之地，知伯必骄。骄而轻敌，邻国惧而相亲。以相亲之兵，待轻敌之国，知氏之命不长矣！周书曰：将欲败人，必姑辅之；将欲取之，必姑与之。”

【释意】

春秋时，晋国权贵知伯向晋大夫魏桓子强行索要土地，被魏桓子拒绝了。

大夫任章问桓子：“你怎么不给他呢？”桓子很气愤地说：“知伯实在是毫无理由，所以不能给他。”任章说：“依我看，不如给他。”

任章又进一步劝他说：“《周书》上曾说过：‘将欲败之，必姑辅之；将欲取之，必姑与之。’就是说，要想打败对方，必先暂时扶植他；要想从对方那里得到什么，必须先给他一点东西。所以，不如先给知伯一点甜头，让他骄傲起来，才好使天下人团结起来对付他。”

【汉宫春晓图】卷 局部［清］院本 中国台北故宫博物院藏 72－5

【汉宫春晓图】卷 局部 ［清］院本 中国台北故宫博物院藏

魏桓子采纳了任章的计策，给了知伯五块有万户人家的土地。知伯非常高兴，更加猖狂，进而又向晋大夫赵襄子索要大片地方。赵襄子当然不会给他，就联合晋大夫韩康子和魏桓子进攻知伯。在大家的努力下，知伯最终败亡。

【含义用法】

后人用“将欲取之，必先予之”的典故引申想从对方那里得到什么，必须先给对方一点甜头。

介子推不言禄

【典源】

《庄子·盗跖》：介子推至忠也，自割其股以食文公，文公后背之，子推怒而去，抱木而燔死。疏：晋文公重耳也，遭骊姬之难，出奔他国，在路困乏，推割股肉以饴之。公后还三日，封于从者，遂忘子推。子推作《龙蛇之歌》，书其营门，怒而逃。公后惭谢，追子推于介山。子推隐避，公因放火烧山，庶其走出。火至，子推遂抱树而焚死焉。

【释意】

介子推为拥立晋文公重耳登上国君宝座立下了汗

马功劳。晋文公即位后，大家都争先恐后地表白自己的功劳，介子推却在一旁默不作声。封赏时，晋文公一时疏忽，竟忘记了介子推。

回到家里，介子推对母亲说："晋献公共有九个儿子，现在，除重耳外，都死了。重耳之所以当上国君，有各种原因，而一些人却认为是自己的功劳，真是天大的笑话！"母亲说："你在私下怨恨，又有什么用呢？不如向国君说明。"介子推说："争着表白自己的功劳，实在是一种可耻的行为，我又何必效仿呢？"母亲说："既然如此，我们干脆去隐居吧。"

后来，晋文公重耳发现介子推不见了，通过多方了解才知道是他因受了委屈而隐居了。晋文公感到无比的惭愧，派人到处查访。后来，得知介子推隐居在绵山之中，他请求介子推返回。但是，介子推反而逃往深山之中。晋文公于是放火烧山，打算逼介子推出山。不料介子推却被烧死在山中。晋文公知道后，内疚地说："这是我的错误啊！"为了表示不忘恩负义，晋文公就把绵山一带的土地都作为祭悼介子推的地方。

【含义用法】

后人用"介子推不言禄"这一典故表示某人不居功自傲。

近水楼台先得月

【典源】

《清夜录》：范文正公镇钱塘，兵官皆被荐，独巡检苏麟不见录，乃献诗云："近水楼台先得月，向阳花木易为春。"公即荐之。

范仲淹

【释意】

北宋，范仲淹任杭州知府时，推荐提拔了许多关系亲近的人。他手下有个叫苏麟的，在外县任巡检多年，却未曾得到升迁，于是便给范仲淹寄出一首诗，其中有"近水楼台先得月，向阳花木易逢春"两句，范仲淹明白了他的心思，不久便提拔了他。

【含义用法】

后比喻由于近便而优先得到好处。

居安思危

【典源】

《尚书·说命中》：惟事事，乃其有备，有备无患。

《左传·襄公十一年》：《书》曰：居安思危，思则有备，有备无患。

【释意】

春秋时，晋、齐、宋、卫等十二个国家联合进攻郑国。在慌乱中郑国采取了聪明的做法：向十二国中最大最强的晋国求和。晋国同意了，其余十一个国家也随之停止了进攻。

事后，郑国向晋国送去了大批礼物，以示感谢和服从。这其中有著名的乐师三人，各种装备齐全的兵车一百辆，歌女十六人，还有许多重的乐器。晋悼公收下这些礼物后，极为高兴，对功臣魏绛说："几年来你为我出谋划策，立下了汗马功劳。现在，我将郑国送来的歌女分给你一半，我们一同来享受吧！"

可是，魏绛谢绝了晋悼公的好意，不但没有接受赠给他的八名歌女，而且认为国君贪图安逸，追求享受，对国家是很危险的。于是，他趁机劝谏晋悼公说："事情办得顺利，首先应归功于大王，还有群臣的协力配合。我个人又有什么功劳呢？我希望大王在享受安乐的同时，要随时考虑危险的存在。《书经》上说：'居安思危，思则有备，有备无患。'望大王能谨记这句话。"

【含义用法】

后人用"居安思危"的典故形容在安乐的时

候随时考虑可能出现的危险或困难；又用“有备无患”表示事先提高警惕，有所准备，才能避免突然的祸患。

卷土重来

【典源】

唐杜牧《题乌江亭》诗：胜败兵家事不期，包羞忍耻是男儿；江东子弟多才俊，卷土重来未可知。

【释意】

楚、汉相争历经五年，最后以项羽自杀、刘邦称帝告终。《史记·项羽本纪》描述项羽最后失败的情况道：项羽被围垓（gāi）下（在今安徽灵璧县东南），晚上听得四面汉营中都唱着楚地的山歌，大惊失色，心想，汉军中既有这么多楚人，莫非是楚地都被汉军占领了。眼见大势已去，不禁潸然泪下。

项羽当即上马，带领骑兵八百余人，冲出包围。汉军派五千人去追。渡淮河后，项羽只有百余人了。至东城（今安徽定远县东南），只剩下了二十八人。汉军把项羽团团围住。项羽把这二十八个骑兵分作四队，叫大家分向四面猛冲，然后按指定地点集合。他说：“我要杀一个敌将给你们看！”于是，大喊一声，冲杀出去，汉军惊惶溃退，果被斩杀一将。汉军探知了项羽骑兵的集合地点，便又把他层层围住。项羽再冲一阵，又斩汉军一名都尉，杀了百余个汉兵后又重新集合骑兵，检点人数，已方只牺牲了两名。骑兵们个个佩服项羽的神勇。

项羽来到乌江边（今安徽和县东北的乌江镇）。乌江亭长已经为他准备了一条渡船，对他说："江东（江东，指长江下游南岸地区。）虽小，也还有几千里土地、几十万民众，也足以称王。请大王赶快渡江吧，这里没有别的船，汉军没法过江的。"项羽笑笑说："想我当初带领八千子弟兵渡江西进，现在无一生还，江东父老纵然不责备我，我又有何面目再去见他们呢！"接着，又对亭长说："我这匹马，日行千里，我骑着它作战五年，所向无敌，我不忍杀它，现在送给你吧！"

项羽命令二十几个骑兵，一齐下马，抽出刀来，同汉军再作最后一战。单项羽一人，就杀了汉兵几百。偶一回头，见汉军的骑兵将领正是熟人吕马童，项羽便对他说："老朋友，汉军不是正以黄金千斤、封邑万户悬赏取我的头吗？来，你拿去请功吧！"于是，自刎而死。由于这段故事，后来形容辜负了家乡父老的培养和期望，不好意思回去，就说是"无颜见江东父老"或"羞见江东"。对于那些执迷不悟、不到死亡不肯罢休的人，就说是"不到乌江不肯休"。

唐代诗人杜牧游乌江时，经过项羽自刎的地方，凭吊古迹，有感而写了一首题为《乌江亭》的诗，对于项羽当初没有渡江东归，表示惋惜之意。诗曰：

胜败兵家事不期，包羞忍耻是男儿；
江东子弟多才俊，卷土重来未可知。

【含义用法】

比喻经过失败之后，力图恢复，重新再来，叫做“卷土重来”。卷土，形容人马猛冲时卷起尘土。

空 城 计

【典源】

《三国志·蜀书·诸葛亮传》：亮屯兵于阳平，遣魏延诸军并兵东下，亮惟留万人守城。晋宣帝率二十万众拒亮，而与延军错道，径至前。当亮六十里所，侦候白宣帝，说亮在城中，兵少力弱。亮已知宣帝垂至，已与相逼，欲前赴延军，相去又远，回迹反追，势不相及。将士失色，莫知其计。亮意气自若，敕军中皆卧旗息鼓，不得妄出庵幔。又令大开四城门，扫地却洒。宣帝常谓亮持重，而猥见势弱，疑其有伏兵，于是引军北趣山。明日食时，亮谓参佐拊手大笑曰：“司马懿必谓吾怯，将有强伏，循山走矣。”候逻还白，如亮所言。宣帝后知，深以为恨。

【释意】

三国时，蜀将马谡（sù）失守街亭后，魏军统帅司马懿（yì）率大军直逼西城，诸葛亮无兵迎敌，反而大开城门，让兵士洒扫街道，自己在城楼上焚香弹琴，装作若无其事的样子。司马懿怀疑设有埋伏，于是引兵退去。

【含义用法】

后指为掩饰力量的空虚而采取的一种计谋。

口蜜腹剑

【典源】

《资治通鉴·唐纪》：口有蜜，腹有剑。

【释意】

唐玄宗时期，李林甫做宰相前后共达十七年，这在古代是极为罕见的。

李林甫取得皇帝如此信任，完全靠阿谀奉承、欺下瞒上、溜须拍马。那时，唐玄宗正宠幸杨贵妃，整日沉迷在声色之中。李林甫趁机对唐玄宗说：“现在天下太平，皇上可以放心游玩。人生苦短，陛下要珍惜啊！”唐玄宗正希望有时间来放纵私欲，就把朝廷的事都交给李林甫处理。

高力士知道此事后，曾劝唐玄宗说：“自古以来权力不可借给别人，如果他利用权力造成了威势，谁还敢说他的不是？”

唐玄宗听后，讽刺高力士说：“看样子你不相信李林甫，如果你不是太监，我也让你当一回宰相。”

高力士见唐玄宗如此相信李林甫，也只好默不作声。

唐玄宗

李林甫经常打击有才能的大臣。绛州刺史严挺之有才干，唐玄宗曾在李林甫面前说：“严挺之现在在做什么？这个人是可以重用的。”李林甫怕严挺之抢了自己的宰相位置，对严挺之弟弟说：“皇上想念你哥哥，想见他，但他在外地做官，不好回京城。不如他假称有风湿病，借故回京治病，就可以见到皇上了。”严挺之不知是计，就照李林甫的话办了。结果，李林甫以严挺之有病为借口，罢了他的官。

当时的人评价他说：“李林甫口有蜜，腹有剑。”意思是嘴上说得很甜，背后却陷害人。

【含义用法】

后以“口蜜腹剑”比喻嘴甜心毒。

胯下之辱

【典源】

《史记·淮阴侯列传》：淮阴屠中少年有侮信者，曰：“若虽长大，好带刀剑，中情怯耳。”众辱之曰：“信能死，刺我；不能死，出我袴下。”于是信孰视之，俛出袴下，蒲伏。一市人皆笑信，以为怯。

【释意】

韩信年轻时家境贫困，居无定所，常常住在别人家里。有一次，他寄住在南昌亭长家里，一连数月，光吃不做。亭长的妻子想了个办法：她趁韩信睡懒觉时，早早地做好饭，一家人端在被窝里吃，等到韩信起床后，什么吃的也没有。韩信知道是捉弄他，一怒之下，离开了亭长家。

一天，韩信来到护城河边钓鱼，想钓一条鱼来充饥，可怎么也钓不起来。有一位在河边漂洗棉絮的妇人见他实在可怜，把带来的饭给他吃。韩信见有饭吃，就天天来河边钓鱼，一连吃了十天，最后他对妇人说：“我一定要报答你！”不料那妇人反而骂他说：“男子汉大丈夫不能自立，还谈得上报答么？我同情你，才给你吃，谁稀罕你的报答！”韩信羞愧地离开了那妇人。

有一次，一群少年围上来对他指手划脚地说：“韩信，别以为你长得高大，身上佩着剑，我们就怕你！其实你是一个懦弱的小人。”他们并对韩信挑衅说：“你如果有胆，就拿剑把我们杀死；如果你没胆，就从我们胯下钻过去！”说完，这群少年都张开双腿。

韩信想：一个人连这点侮辱都不能忍受，今后还怎么能有所成就？于是，他趴下身子，从他们胯下慢慢地爬了过去。

【含义用法】

后人用“胯下之辱”形容受人侮辱，也指能忍辱负重。

快刀斩乱麻

【典源】

《北齐书·文宣纪》：高祖尝试观诸子意识，各使治乱丝，帝独抽刀斩之，曰：“乱者须斩！”

【释意】

南北朝时期，齐高祖高欢有五六个儿子。高欢想试探试探他们当中谁最聪明、最有才能，于是命人取出几团乱麻来，让儿子们每人理顺一团，看谁理得最快，方法最好。他的小儿子高洋却并不动手理麻，而是拔出剑来说道：“乱者须斩。”几剑就把麻剁碎了。他这话有两种意思：一是乱的麻，需用剑来斩最方便；一是凡烦乱的事须果断处理。高欢非常赏识这个儿子。后来高洋在他哥哥死后，即位为文宣帝。他做皇帝果然处事坚决果断，但就是太过严厉和残酷。

【含义用法】

“快刀斩乱麻”用以比喻处理复杂问题需用果断手段加以解决。

老蚌生珠

【典源】

汉孔融《与韦端书》：前日元将来，渊才亮茂，雅度弘毅，伟世之器也。昨日仲将复来，懿性贞实，文敏笃诚，保家之主也。不意双珠近出老蚌，甚珍贵之。

【释意】

三国时，魏人韦端的两个儿子韦康和韦诞德才兼备，声名远播。北海相孔融对他俩非常推崇，曾对他们的父亲韦端说："不意双珠，近出老蚌，甚珍贵之！"

【含义用法】

后比喻老来得子。

梨园弟子

【典源】

宋欧阳修等撰《新唐书·礼乐志十二》卷二二："玄宗既知音律，又酷爱法曲，选坐部伎子弟三百教于梨园，声有误者，帝必觉而正之，号'皇帝梨园弟子'。宫女数百，亦为梨园弟子，居宜春北院。"

【释意】

唐玄宗不仅懂得乐理，还能亲自演奏乐器。为了培养更多的音乐人才，他曾经亲自在全国挑选了三百名年轻小伙，安置在长安城内光化门北的梨园中。闲暇时候，还亲自教他们演奏乐曲，玄宗甚至把这三百人叫作“皇帝梨园弟子”，意思是梨园内的学生。

华清出浴图

后来，玄宗又挑选了几百名宫女，也要置在梨园里学乐理。有一年的六月一日，杨贵妃在骊山过生日，唐玄宗亲自率领皇家梨园弟子在长生殿演出。当一支新曲演奏完后，杨贵妃上前说：“这支曲子真好听，我从未听过，它叫什么曲名？”唐玄宗说：“曲子是我谱的，忘了取名。”二人思来想去，也没有定下曲名。

恰巧这时，南方送来荔枝，唐玄宗灵机一动，笑着说：“就叫它《荔枝香》吧。”

说完，唐玄宗、杨贵妃和一旁的梨园弟子们都笑了起来。

【含义用法】

后人称戏班子为“梨园”，称戏曲演员为“梨园弟子”。

廉颇善饭

【典源】

《史记·廉颇蔺相如列传》：赵孝成王卒，子悼襄王立，使乐乘代廉颇。廉颇怒，攻乐乘，乐乘走。廉颇遂奔魏之大梁。其明年，赵乃以李牧为将而攻燕，拔武遂、方城。廉颇居梁，久之，魏不能信用。赵以数困于秦兵，赵王思复得廉颇，廉颇亦思复用于赵。赵王使使者视廉颇尚可用否。廉颇之仇郭开多与使者金，令毁之。赵使者既见廉颇，廉颇为之一饭斗米，肉十斤，被甲上马，以示尚可用。赵使还报王曰："廉将军虽老，尚善饭，然与臣坐，顷之三遗矢矣。"赵王以为老，遂不召。

【释意】

战国时，赵悼襄王即位后免去了老将廉颇的职务，廉颇一气之下跑到魏国都城大梁去了。秦兵不断进攻赵国，赵国接连败退。这时赵王又想起用能征善战的老将廉颇，便事先派人到大梁试探廉颇是否还能带兵打仗。为了显示自己雄风不减，廉颇一顿饭竟吃下了一斗米、十斤肉。但由于使者的毁谤中伤，廉颇最终还是没能被起用。

【含义用法】

后喻指老臣旧将报国心切，希求重用。

两袖清风

【典源】

《吴江道中》诗："两袖清风身欲飘，杖藜随月步长桥。"

【释意】

明代，地方官进京办事都要带一些名贵的土特产贿赂权贵。兵部侍郎于谦对此风气深恶痛绝，他在任河南巡抚时，每次进京总是两手空空，并专为此作了一首《入京》诗："绢帕麻菇与线香，本资民用反为殃。清风两袖朝天去，免得闾阎话短长。"

【含义用法】

后比喻为官清廉，也指人一生清贫。

邻女窥墙

【典源】

战国楚宋玉《登徒子好色赋》："臣里之美者，莫若臣东家之子。东家之子，增之一分则太长，减之一分则太短……然此女登墙窥臣三年，至今未许也。"

【释意】

战国时，楚襄王有个文学侍臣名叫宋玉。宋玉是当时著名的辞赋家，曾经陪同楚襄王到云梦、高唐等地去游览，写下了《风赋》《高唐赋》等著名辞赋，受到楚国贵族阶层的一致赞赏和推崇。

宋玉是一个出名的美男子，英俊潇洒，风度翩翩。在他家的东邻，住着一位绝色的少女，光艳照人，许多王公贵族的子弟都被她的美貌所吸引，纷纷让人带着聘礼上门去求婚，但这位东邻少女却全不把他们放在眼里。她的心里只偷偷地爱慕着宋玉。

少女的家和宋玉家仅一墙之隔，少女为了能看到宋玉，几乎天天都要登上梯子趴在墙头，偷偷地观望宋玉，希望宋玉也能爱上自己。可是三年过去了，尽管东邻的少女是如此地多情，可宋玉却对她的一片痴情毫无反应。

由于宋玉有才华，楚襄王对他十分器重。不料引起楚襄王的另一侍臣登徒子的妒忌。登徒子是个善于察言观色、献媚阿谀之徒，很受楚襄王宠信，他怕宋玉夺了自己的宠，便对楚襄王说："宋玉容貌长得很漂亮，说话非常动听，但他生性十分好色，请大王不要让他随便在后宫进出，否则日子一久，难保不出问题。"

过了几天，楚襄王看到宋玉，问他说："登徒子说你十分好色，有这样的事吗？"

"大王，这是登徒子对我的诬蔑。我的容貌是上

天所赐；说话动听，是老师所教。他说我好色，完全是无中生有！其实要说好色，他登徒子才是一个好色的家伙。”

“你凭什么这样说呢？”楚襄王问。

“大王，我家东邻有位绝色少女，长得美若天仙，迷住了一大批官宦子弟；但这位少女登墙偷看了我三年，我却没有一丝一毫动心。而他登徒子呢，不要说看到绝色少女了，就是像他妻子那样长得蓬头豁嘴，身上一身疥癣的丑女人，他也爱，并跟她生了五个孩子，你想，他是不是好色呢？”

楚襄王听了宋玉的话，忍不住笑了起来。从此，他再也不听登徒子的谗言了。

【含义用法】

后来“邻女窥墙”这一典故用来描写女子对男子的倾心爱慕，也可以用来描写对美好事物的渴求。

柳暗花明又一村

【典源】

宋陆游《游山西村》：莫笑农家腊酒浑，丰年留客足鸡豚。山重水复疑无路，柳暗花明又一村。

箫鼓追随春社近，衣冠简朴古风存。从今若许闲乘月，拄杖无时夜叩门。

【释意】

陆 游

陆游（1125 – 1210 年），字务观，号放翁，越州山阴（今浙江绍兴）人。陆游从小有从军抗金的壮志，但无奈英雄无用武之地。宋孝宗即位之后，抗战派才略被重用，陆游被召见，赐进士出身。北伐失利，陆游因力主出兵，被罢免官职，回山阴镜湖的三山居住。回乡的第二年，也就是宋孝宗乾道三年（1167），陆游写了《游山西村》这首诗，描绘了当地的习俗、风光，表现了作者对农村生活的喜爱和向往。

《游山西村》写道："不要笑话农家冬天酿的酒浑浊，丰收之年款待宾客，备有丰富的鸡、豚（小猪）做成的菜肴。山峦重叠啊，水路弯弯，是不是路到尽头，无法前行了呢？忽然在柳林荫荫、鲜花明艳之处，又出现了一个村落。此时正值立春后，祭祀土地神祈祷丰年的春社日即将到来，村里萧鼓声声，连绵不断，一派祥和的节日气氛。人们穿戴着简朴的衣帽，表现了古代淳厚的民风。从今以后，就这样趁着月光外出闲游，拄着手杖，在夜里随时叩响朋友的门户。"

【含义用法】

“柳暗花明”是形容绿柳成荫、繁花似锦的美景。比喻在人生际遇中，乍看似乎已走到尽头，忽然眼前又出现了转机。

马革裹尸

【典源】

《后汉书·马援传》：初，援军还，将至，故人多迎劳之。平陵人孟冀，名有计谋，于坐贺援。援谓之曰：“……方今匈奴、乌桓尚扰北边，欲自请击之。男儿要当死于边野，以马革裹尸还葬耳，何能卧床上，在儿女子手中邪？”冀曰：“谅为烈士，当如此矣。”

【释意】

东汉初年，伏波将军马援因跟随光武帝刘秀平定陇西隗嚣叛乱立下汗马功劳，深得光武帝的赏识。当时，北部的少数民族匈奴、乌桓等经常侵扰边境，马援不顾惜自己年迈体衰，主动上书请战。有些将领对此颇有看法，马援严肃地说：“大丈夫当战死疆场，用马皮包裹尸体回来安葬，怎么能等到卧床不起死在妇孺之辈的手中呢？”

【含义用法】

后指勇敢作战，死于战场。

买椟还珠

【典源】

《韩非子·外储说左上》：楚人有卖其珠于郑者，为木兰之柜，熏以桂椒，缀以珠玉，饰以玫瑰，辑以翡翠。郑人买其椟而还其珠。

【释意】

战国时，有个楚国人到郑国卖珍珠。他用名贵的木料做了个匣子，又用桂椒等香料把匣子熏得芳香四溢，然后又在匣子外面饰以珠玉、玫瑰、翡翠等。有个郑国人见匣子如此光彩夺目，便把木匣买下，而把匣子中的珍珠退还给了主人。

【含义用法】

后比喻舍本逐末，取舍不当。

卖剑买牛

【典源】

《汉书·龚遂传》：遂见齐俗奢侈，好末技，不田作，乃躬率以俭约，劝民务农桑……民有带持刀剑者，使卖剑买牛，卖刀买犊，曰："何为带牛佩犊！"

【释意】

汉代人龚遂，字少卿，山阳南平阳人。曾任昌邑郎中令，侍奉昌邑王刘贺。刘贺品行不端，举止放荡，龚遂多次苦苦劝谏。刘贺只当了二十七天皇帝，被废掉以后，龚遂又苦苦地为刘贺说情，使他免于一死。

汉宣帝时期，渤海各郡发生饥荒，盗贼猖狂，当地的太守束手无策。宣帝下诏挑选能干的人前去治理，丞相、御史推荐龚遂，宣帝任命他为渤海太守。那时，龚遂已经七十多岁了，宣帝召见他时，见他身材矮小，其貌不扬，心中很不高兴，对他说："渤海郡久乱不治，朕非常忧虑。你打算用什么办法平息盗贼，以解朕忧？"龚遂回答说："我听说治理乱民如同梳理乱麻，不可操之过急；只有因势利导，有条不紊地进行治理，方可奏效。我希望朝廷不要给我规定条条框框，我一切从实际出发，着机行事。"龚遂到了渤海郡边境时，郡府里听说新太守到任，立即派兵保护。龚遂把士兵都打发回去，单车独行来到郡府，立即发下文书，命令各县统统罢免追捕盗贼的官吏，并且宣布：凡是手执锄、镰等种田工具的人都是良民，官吏不得干涉；手持兵器的人就是盗贼，必须严加管束。因此，一些盗窃团伙纷纷解散，盗贼们扔下手中的兵器而拿起了锄头、镰刀。不久，境内盗贼平息，百姓安居乐业。

龚遂看到当地风俗不好，奢侈之风盛行，人们喜欢经商游侠等事，不从事农业生产。于是，他自己带头节俭，鼓励百姓从事农桑事业，并给每人每户定出指标，叫他们栽树、种植葱和韭菜等，每户家里养猪、养鸡。见到百姓带刀佩剑的，就劝他们卖掉宝剑买耕牛，卖掉腰刀买牛犊，并对他们说：“你们带刀佩剑，不就等于把牛和牛犊带在身上吗？太可惜了！”

【含义用法】

“卖剑买牛”就是从这个故事来的。“卖剑买牛”，也作“卖刀买犊”，人们用这个典故指改业归农，重视发展农业生产。

芒刺在背

【典源】

《汉书·霍光金日磾传》：“宣帝始立，谒见高庙，大将军光从骖乘，上内严惮之，若有芒刺在背。”

【释意】

西汉时，大将军霍光把持朝政，权重一时。霍光为人专横跋扈，盛气凌人，大臣们感到很惧怕。他先辅佐汉昭帝，昭帝死后又拥立刘贺为帝，后又将荒淫无道的刘贺废除，并谋杀刘贺的亲信多人。此后，他又立刘询为帝，即汉宣帝。一次，霍光随汉宣帝一起去拜谒祖庙，宣帝看到他骄横的样子十分害怕，好像感到有芒刺扎在脊背上。

【含义用法】

后用以形容惊惧不安或不自在。

盲人摸象，各执一见

【典源】

宋释道原《景德传灯录》卷二十四：有僧问："众盲摸象，各说异端，忽闻明眼人又作么生？"师曰："汝但举似诸方。"师经行次，众僧随从。

【释意】

古时候，有个皇帝召集了一批瞎子，让他们每个人只去摸大象的一个部分。等他们摸完了，然后逐个问他们："大象长得什么样子？"摸象牙的人说："它像一个长萝卜。"摸耳的人说："它像一只簸箕。"摸头的人说："它像一块大石头。"摸鼻子的人说："不，它像一根木杵。"摸背的人说："它像一只大床。"摸肚子的人说："怎么我觉得它像一只瓮子呢？"摸到尾巴的人说："你们说得都不对，大象像一根绳子。"他们根据自己的感觉各执一见，争论不休，其实谁也未见整体，都说得不对。

【含义用法】

后人用"盲人摸象，各执一见"的谚语比喻不全面了解事物的偏执。

孟母三迁

【典源】

汉刘向《列女传·邹孟轲母》：“邹孟轲之母也，号‘孟母’。其舍近墓。孟子之少也，嬉游为墓间之事，踊跃筑埋。孟母曰：‘此非吾所以居处子。’乃去。舍市傍，其嬉戏为贾人衒卖之事。孟母又曰：‘此非吾所以居处子也。’复徙。舍学宫之傍，其嬉游乃设俎豆，揖让进退。孟母曰：‘真可以居吾子矣。’遂居。及孟子长，学六艺，卒成大儒之名。君子谓孟母善以渐化。”

【释意】

孟子幼年时住在一座墓地旁，由于受环境的影响，他经常跟上坟的人学烧纸磕头。孟母看到这种情况，于是便将家搬到了集市附近，不料孟子却又跟商人一起学起了做生意。孟母只好将家又搬迁一次，住在一所学校附近，从此孟子十分喜爱读书。

【含义用法】

后用“孟母三迁”以称颂母亲教子有方，也指环境对一个人的成长影响很大。

明哲保身

【典源】

《诗经·大雅·烝民》：既明且哲，以保其身。

【释意】

周宣王时，有一个大臣叫兮甲，字伯吉父（一作甫），因官名尹，史书中称他为尹吉甫。当时，猃狁（古族名，殷周之际主要分布在今陕西、甘肃北境及内蒙古自治区西部）迁居焦获，进攻到泾水北岸，尹吉甫于周宣王五年（公元前823年）率军又反攻到太原。随后又奉命在成周（今河南洛阳）负责征收南淮夷等族的贡赋。尹吉甫和另一个大臣仲山甫帮助周宣王扩大了统治地盘，是有功之臣。

有一次，周宣王派仲山甫筑城齐地，以防御外族的进攻。尹吉甫写了《烝民》这首诗送给仲山甫，歌颂他的品德和才能。诗中写道：仲山甫贤明智慧，明达事理，不参与可能危及自身的事。

【含义用法】

根据尹吉甫的诗，后人引申出了“明哲保身”这句成语，原为褒义，指明智的人不参与可能危及自身的事。后来，这句成语逐渐转化为贬义，用以形容只顾个人利益，回避原则的生活态度。

莫 须 有

【典源】

《宋史·岳飞传》：狱之将上也，韩世忠不平，诣桧诘其实。桧曰："飞子云与张宪书虽不明，其事体莫须有。"世忠曰："'莫须有'三字何以服天下？"

【释意】

北宋的时候，金兀术在丢掉已攻占的郾城之后，又接连吃了几个败仗，伤亡很重。金兀术为了挽回残局，于是就亲自率领拐子马上阵反击，不料碰到岳飞的盾牌兵，又一败涂地，损失惨重。金兀术一面仓惶逃命，一面痛哭流涕地说："我这支百战百胜的精锐部队完了，一切希望都没有了。"岳飞乘胜追击，一口气打到朱仙镇，他对军士们说："让我们直捣黄龙府，一起痛饮庆功酒！"

但是前方的胜利没有给岳飞带来任何好处。皇帝赵构和秦桧日夜忧愁，怕战事总有一天会失利，打了胜仗心里还战战兢兢，总想求和。所以，当岳飞准备渡河猛进的时候，赵构这批软骨头，怕招致灾祸，先断绝了对岳飞的援助，然后强调孤军不宜深入。一天当中连用十二道金字牌召回岳飞，岳飞不得已退守武昌。中原地方又被金人夺去了。

金兵只怕岳飞，现在见岳家军打了胜仗反而后撤，并且秦桧又接二连三地求和，于是兀术便叫人送信给秦桧，次次提到："议和没那么容易，要想谈判除非杀了岳飞。"秦桧知道赵构只求讲和，什么条件他都肯依从，便布置御史罗汝楫等人在赵构面前参奏岳飞有阴谋叛乱的倾向，东拉西凑地编造了"莫须有"三个字判定罪名，秘密地派人到牢狱里暗暗地处死岳飞和岳云。岳飞死时年仅三十九岁。绍兴十二年正月和议成功，两国以淮河中流为界，南宋向金国称臣。

岳　飞

【含义用法】

后人用"莫须有"这一典故表示凭空捏造罪名。

南 柯 一 梦

【典源】

《异闻集》：淳于棼，家居广陵，宅南有古槐树，棼醉卧其下，梦二使者曰："槐安国王奉邀。"棼随使入穴中，见榜曰："大槐安国"。其王曰："吾南柯郡政事不理，屈卿为守，理之。"棼至郡凡二十载，使送归，遂觉。因寻古槐下穴，洞然明朗，可容一榻，有一大蚁，乃王也。又寻一穴，直上南柯，即棼所守之郡也。

【释意】

唐代有个叫淳于棼的人喜好饮酒，性格豪放，不拘小节。一天，他与朋友喝酒，结果醉得不省人事。两位朋友将他扶回家，安置在家中的大槐树下睡觉。淳于棼昏昏然中，突然看到有两个身穿紫衣的使者向他下拜，自称是槐安国国王派来邀请他的。

于是淳于棼下了床，跟二位使者上了一辆四匹马拉的豪华大车直奔槐安国。只见两边的山川草木道路，与世间的不太一样。不一会儿便进入了一座大城，大红的门楼上题着“大槐安国”四个金字。国王很隆重地接待了他，封他为驸马，与公主成了婚，生了五个儿子两个女儿。后又封他为南柯郡太守，并不断加官晋爵，地位显赫，无人能比。他享尽了荣华富贵。这时突然下起雨来，雨水打在他身上，他突然清醒，才发现是做了一场好梦，不觉自嘲地笑了起来。

【含义用法】

后人用“南柯一梦”的典故形容人生富贵名利如梦幻，本是一场空；也用来泛指睡梦或空想。

牛角挂书

【典源】

《新唐书·李密传》：闻包恺在缑山，往从之。以蒲鞯乘牛，挂《汉书》一帙角上，行且读。越国公杨素适见于道，按辔蹑其后，曰："何书生勤如此？"密识素，下拜。问所读，曰："《项羽传》。"因与语，奇之。

【释意】

李密，隋代襄阳人，专心向学，且十分珍惜时间，因此，他的学习生活相当紧张。有一次，他到缑山去，因怕旅途之中耽搁太多时间，就想出了一面行路一面读书的好办法：在牛背上放置一个蒲团，把要看的《汉书》挂在牛角上。就这样，他很舒服地骑着牲口，一手拿书，一手牵缰绳，与在屋子里读书没有两样。

一边前进一边读书的李密坐在牛背上一动也不动，像是一座雕塑一样。正巧，当朝大臣杨素经过这里，见到牛背上还有这般好学的人，便顾不得自己赶路，偷偷跟在后边，走了一大段路。李密一点都不知道。直到他挪转牛头，准备另换一本书的时候，杨素才和他谈话，问他看什么书？李密说："《项羽传》！"

【含义用法】

后人用“牛角挂书”比喻勤奋读书。

弄玉吹箫

【典源】

《列仙传》：“……穆公有女，字弄玉，好之，公遂以女妻焉……时有箫声而已。”

【释意】

相传春秋秦穆公时，有个叫箫史的人擅长吹箫，穆公将女儿弄玉嫁给了他。吹箫人教弄玉吹箫，模拟凤凰的鸣叫。数年后，每当弄玉吹奏凤鸣时，就会引来凤凰落到他们屋上，为此，穆公专门为他们修建了一座凤台。终于有一天，弄玉和箫史在凤台吹箫时，随凤凰一起飞走了。

【含义用法】

后形容技艺精湛美妙。

盘根错节

【典源】

《后汉书·虞诩传》：后朝歌贼宁季等数千人攻杀长吏，屯聚连年，州郡不能禁，乃以诩为朝歌长。故旧皆吊诩曰："得朝歌何衰？"诩笑曰："志不求易，事不避难，臣之职也；不遇盘根错节，何以别利器乎？"

【释意】

东汉时期，西方的羌族人屡次入侵中原，凉州和并州受到极大威胁，大将军邓骘（zhǔ）建议朝廷放弃凉州，虞诩（yú xǔ）表示反对，邓骘因此对虞诩怀恨在心，故意把他派到经常发生暴乱的朝歌去当县令，虞诩的好友为他担心，他却坦然一笑说："不遇到盘根错节的复杂情况，又如何能够看出兵器是否锋利呢！"

【含义用法】

后比喻事情极其复杂，难以处理。

赔了夫人又折兵

【典源】

元无名氏《隔江斗智》二折："周瑜周瑜，休夸妙计高天下，只教你赔了夫人又折兵。"

【释意】

三国时，东吴大都督周瑜让孙权的妹妹嫁给刘备，准备在刘备到东吴成婚之时将刘备扣作人质换回荆州，但诸葛亮事先安排好锦囊妙计，使刘备不仅娶到孙夫人而且依计逃离了徐州。

刘备刚到柴桑地界，后面追兵赶到，前面又有吴兵拦截。在此紧急关头，赵云拆开第三个锦囊，刘备依计让孙夫人亲自出面喝住追截的东吴将领，使他们一时不敢动手杀刘备，刘备乘机逃走。

刘备沿路逃到江边，但见江水弥漫，空空江面没有一艘船只。赵云见刘备低头不语，劝慰道："您已逃出了虎口，料想军师（指诸葛亮）必有安排，不必担心。"正说话间，后面烟尘四起，追兵又至。正慌急间，江边一下子来了二十余只拖篷船，只见舱中一人大笑迎出："主公安好！诸葛亮在此等候多时！"刘备等人上船后，诸葛亮笑着对岸上追兵说："我早算定了今天的一切。你们回去传话给周瑜，叫他以后不要再用美人计。"岸上追兵无计可施，只好作罢。

孙 权

忽然，江上喊声大震，原来周瑜亲自率领水军追来。刘备等人只好弃船登岸，周瑜也上岸追赶。追到黄州界首时，只听一声鼓响，刘备手下大将关羽引兵杀

【汉宫春晓图】卷 局部 ［清］院本 中国台北故宫博物院藏

【汉宫春晓图】卷 局部 ［清］院本 中国台北故宫博物院藏 72-6

出，将周瑜的手下打得大败。周瑜纵马逃命，刚逃到船上，就听到蜀兵齐声大叫："周郎妙计安天下，赔了夫人又折兵！"周瑜气得大叫一声，昏倒在船上。

【含义用法】

后人用"赔了夫人又折兵"的典故比喻某人想占便宜，不仅未达到目的，反而遭受了双重损失。

披肝沥胆

【典源】

《三国演义》第二十六回：近至汝南，方知兄信，即当面辞曹公，奉二嫂归。羽但怀异心，神人共戮。披肝沥胆，笔楮难穷。

【释意】

东汉末年，曹操调集二十万大军，分五路兵临徐州，攻打刘备。刘备大败，与张飞突围后，逃到芒砀山，刘备无路可归，遂去投奔袁绍。关羽被围无法解脱，为保全刘备家眷，只得暂时投降曹操。

身在袁绍营中的刘备烦恼不已，一忧关羽、张飞不知去向，二忧妻小陷于曹营。袁绍得知刘备心中苦痛，便遣良将击曹。袁曹交战，关羽连斩袁绍名将颜良、文丑，刘备才知道关羽在曹操手下。袁绍得知刘备二弟关羽斩了他的爱将，即下令斩刘备之首。刘备表示愿修密书一封与云长，叫他前来辅佐袁绍，共诛曹操。袁绍为此十分高兴，即派人前往送信。关羽看毕书信，大哭，当即写书答云："……近至汝南，方知兄信，即当面辞曹公，奉二嫂归。羽但怀异心，神人共戮。披肝沥胆，笔楮难穷……"

不久，关羽便去拜辞曹操，曹操知道关羽的用意，于是避而不见。关羽去意已决，遂率旧日随从，护送车仗，夺门而走。关羽一行，沿路屡遭难险，过五关，斩六将，最终与刘备、张飞相聚在古城。

【含义用法】

后人用"披肝沥胆"（披，打开。沥，滴下）比喻对人对事非常忠诚。

皮里阳秋

【典源】

《晋书·褚裒列传》：谯国桓彝见而目之曰："季野有皮里阳秋。言其外无疑臧否，而内有所褒贬也。"

【释意】

东晋时期褚裒很有名气，年轻时就显露出来一种不同凡响的气度。他为人正派、耿直，办事谨慎、小心，不爱说话，更不当人面表白自己的功劳，很受朝廷官员们的赏识。谢安也常常当众夸奖他。

有一天，功名显赫的朝廷吏部尚书郎桓彝，看见褚裒，眼睛一眨不眨地看了半晌才缓缓地笑着说：“哈哈，果然是名不虚传，我看褚裒是有皮里阳秋，虽然他口头上不表示什么，可心里是非分明，极有主见，在他身上具备了四时的正气……”

最初，褚裒在郗鉴部下做参军，后来升迁为司徒从事中郎。中年以后褚裒的女儿嫁给了康帝司马岳。身为皇后的父亲，官职也就得到高升，做了朝廷的尚书。

褚裒为官清廉，生活很简朴，虽然官职很大，还是皇亲，可还是叫自己家的仆童买柴买菜，从不假公济私。他在朝廷做了一阵子官以后，总觉得心里不安，怕别人说他依靠皇后的势力专权，几次要求离开京城，到外地去任职。

后来，褚裒的请求被朝廷批准了，派他去都督兖州、徐州的军事，出镇京口。

【含义用法】

“皮里阳秋”即“皮里春秋”，意思是说表面上不作任何批评，而心里却有所褒贬。“皮里春秋”也作“皮里阳秋”，因为晋朝的简文帝母亲名春，晋人避讳，所以用“阳”代“春”。

破镜重圆

【典源】

唐孟棨（qì）《本事诗·情感》："陈太子舍人徐德言之妻，后主叔宝之妹，封乐昌公主……乃破一镜，人执其半。约曰：'他日必以正月望日卖于都市，我当在，即以是日访之。'及陈亡，其妻果入越公杨素之家……有苍头卖半镜者，大高其价，人皆笑之……（德言）出半镜以合之……素知之，怆然改容，即召德言，还其妻，仍厚遗之。"

【释意】

南陈的皇帝陈叔宝（史称"陈后主"）无所事事，整日只知道饮酒赋诗、寻欢作乐。他的妹妹乐昌公主，嫁给了太子舍人徐德言。当隋朝的大军逼近南陈的首都建康（南京）的时候，徐德言预料到战乱一起，夫妻难免要分散。他对乐昌公主说："你有如此才貌，亡国后一定会被权豪之家收留。倘若你我情缘未绝，也许还有相见的机会。现在我们把一面镜子分成两半作为它日相见的信物。"于是，他将一面圆镜一破两半，夫妻二人各执一半，并约定以后要在元宵节那一天在都城出卖镜子，好相互寻找。

南陈亡后，乐昌公主果然被越国公杨素看中，收入府中，而且杨素对她宠爱有加。徐德言则历尽千辛万苦，才到了京城。元宵节那天，他果然发现一个老仆人在出卖半面破镜，价格高得令路人发笑。徐德言拿出自己的半面镜子，和老仆人的半面镜子刚好相合。他心中十分感慨，于是便在镜上题诗道："镜去人俱去，镜归人未归，无复嫦娥影，空留明月辉。"

乐昌公主

老仆人带回镜子，乐昌公主见了丈夫的诗，悲痛万分。杨素得知此事，很同情他们，便找来徐德言，把妻子还给了他，使他们夫妻终又团聚。

【含义用法】

后人用"破镜重圆"的典故比喻夫妻分离后又重新团圆。

扑朔迷离

【典源】

《木兰诗》：雄兔脚扑朔，雌兔眼迷离；双兔傍地走，安能辨我是雄雌？

【释意】

扑朔形容跳跃，迷离形容眼睛转动。扑朔迷离原意是指模糊不清，难以辨别谁雄谁雌。

在我国，至今还流传着一个木兰替父从军的故事。花木兰出身农家，是一个既善良又勤劳的女孩儿，整天纺线织布。有一年北方边境上发生战事，皇帝下诏书在百姓之中征兵参战。征兵的名册上每卷都有木兰父亲的名字。可是父亲年纪已大身体又不好，已经不能再上战场了，弟弟年纪还小，也不能替父亲去从军。这可怎么办呀？木兰愁得吃不下饭，睡不好觉，整天长吁短叹。一天，她忽然想自己女扮男装替父亲去应征，对国对家做到两全其美。木兰性格坚强果断，说到做到。她跑到市场上买来骏马，又购置了鞍鞯、辔头、马鞭，跟着同村的男子们一块儿出征了。

木兰的此次替父出征一去就是十年，风餐露宿，爬山过河，出生入死，转战千里。军队得胜归来，天子犒赏凯旋的功臣。天子问木兰："你立了功劳，想要什么，我都会满足！"木兰回答说："我多大的官也不想做，多么值钱的宝贝也不想要，我惟一的请求是骑上千里马，早点回到家乡去！"

木兰的请求被皇帝答应了，木兰很快就回到了自己的家乡。家里人看到久别重逢的木兰，心情非常激动。年迈的父母互相搀扶着出城外迎接她；姐姐梳洗打扮像迎接贵宾一样；小弟弟磨刀杀猪宰羊给姐姐吃。

回到家中的木兰重新走进十年前自己居住的闺房，打开窗户，坐在床上，心情十分畅快。她脱下战袍，找来旧衣服换上。倚在窗台上梳理自己的头发，把头发梳成女人的样式。又对着镜子在额头上贴一块花黄，变得和乡里的姊妹一样漂亮。

这时候，一同在疆场上拼杀过的伙伴们来探望木兰。木兰穿着女人的衣裳，梳着女人的发髻，带着女人的饰品，款款走出房门。同伴们一看，全惊呆了。十二年在一起行军、打仗、生活，竟不知道木兰是个女的！

是呵，雄兔四腿跳跃、眼睛动；雌兔眼睛动、四腿跳跃。两只兔子在地上一块儿跑，谁能辨别出哪个是雄兔，哪个是雌兔呢？

【含义用法】

后来人们将“扑朔迷离”作为一个成语，比喻事物错综复杂，不易辨认。

千钧一发

【典源】

唐韩愈《与孟尚书》：“其危如一发引千钧。”

【释意】

春秋时期的齐国，东郭亥想攻打本国的大姓田氏，孔子的学生子贡听说后劝他道："你的野心太大了！因为你的权势并不显赫，所以不会有太多的人来依附、支持你；而你的野心这么大，会使人们害怕而远离你。你现在打田氏就好比在一根头发上吊着一千钧的重物，十分危险啊！"东郭亥相信了子贡，最终没有采取行动。

【含义用法】

后比喻情况万分紧急。

强弩之末

【典源】

《汉书·韩安国传》："强弩之末，不能入鲁缟（gǎo）；冲风之衰，不能起毛羽。"

【释意】

汉武帝时，匈奴派使者前来请求与汉和好，众大臣中有的表示反对。御史大夫韩安国认为和亲对汉朝有利，他说："汉朝离匈奴非常遥远，即使军队走到那里也会人困马乏，兵力再强大也将难以取胜。这就好比强弩发出的箭，到了射程的极限，力量衰竭，将不能射穿鲁国的薄绢。"

【含义用法】

后比喻强大的事物临近衰竭时，力量也变得微不足道。

巧取豪夺

【典源】

《清波杂志》：老米（芾）酷嗜书画，尝从人借古画自临拓，拓竟，并与真赝本归之，俾其自择而莫辨也。巧偷豪夺，故所得为多。

【释意】

米癫拜石

米芾（fú）是宋代著名的书法家，他性情狂放，酷爱收藏书画，常常将别人的名画真迹借来临摹，然后把自己的仿作还给人。有一次，他在船上遇见朋友蔡攸（yōu），蔡攸把自己收藏的王羲之真迹拿给米芾看，米芾如获至宝，想用一幅名画换取，蔡攸不答应，他便以投河相威胁，主人只好屈从于他。他收藏的大量书画珍品，许多都是靠这种巧取豪夺的手段获取的。

【含义用法】

本意是用欺哄的办法骗取，用蛮横的手段硬夺。后指用各种不正当的方式夺取财物。

请 君 入 瓮

【典源】

《资治通鉴·唐则天后天授二年》：或告文昌右丞周兴与丘神勣通谋。太后命来俊臣鞫之，俊臣与兴方推事对食，谓兴曰："囚多不承，当为何法？"兴曰："此甚易耳，取大瓮，以炭四周炙之，令囚入中，何事不承！"俊臣乃索大瓮，火围如兴法，因起谓兴曰："有内状推兄，请兄入此瓮！"兴惶恐叩头伏罪。

【释意】

武则天当政时期，周兴和来俊臣都是被武则天信任的酷吏。有人告发周兴与他人串通谋反。武则天命来俊臣查办此事，来俊臣假装讨好地问周兴，如果囚犯不肯认罪，应该怎么办。周兴说："这很容易，弄个大瓮，四周点上火，让犯人进去，看他招不招！"来俊臣依照周兴所说搬来大瓮，四周点上火，然后对周兴说："有人告你谋反，就请您到瓮里去吧！"吓得周兴急忙磕头供出了罪行。

【含义用法】

后比喻以其人之道还治其人之身。

人琴俱亡

【典源】

南朝宋刘义庆《世说新语·伤逝》："王子猷（徽之）、子敬（献之）俱病笃，而子敬先亡。子猷问左右：'何以都不闻消息？此已丧矣！'语时了不悲。便索舆来奔丧，都不哭。子敬素好琴，便径入坐灵床上……"

【释意】

王献之，字子敬，是东晋著名大书法家王羲之的儿子。他对书法和绘画都十分精通，尤其擅长书法，行书、草书都写得非常出色，后人把王羲之、王献之父子并称"二王"。因为王献之多才多艺，早年就久负盛名。他的哥哥王徽之对他非常钦佩。

后来，王徽之、王献之两兄弟同时生了重病。王献之先病死了。王徽之家中的人恐怕徽之悲痛，并没有告诉他这个消息。王徽之老是听不到弟弟的消息，很是担心。一天，他问家中的人说："子敬病情怎样了？为什么最近没有了他的消息？"

家中的人支支吾吾，不大肯讲。

王徽之明白了，说："看来他已死了！"

王徽之并不悲哭，从病榻上下来坐上车子，前去奔丧。到了王献之家中，下车进去，在灵床上坐了下来。王献之生前爱好弹琴，经常弹琴作乐。王徽之对献之家中的人说：“把子敬的琴取来。”

功夫不大，仆人把琴拿来了。王徽之就在灵床上弹了起来。他一面弹，一面想着过去兄弟两人的情谊，越想越悲伤，弹了好久，都不成曲调。他举起琴，向地上狠狠掷去。一张好好的琴一下子就掷碎了。他长叹一声，说：“子敬！子敬！如今人琴俱亡！”

说罢，他就昏过去了，好久才慢慢地苏醒过来。

一个多月以后，王徽之也病死了。

【含义用法】

后来，“人琴俱亡”这个典故用来描写对知己或亲友去世的悼念之情，并含有睹物思人的意思。

人为刀俎，我为鱼肉

【典源】

《史记·项羽本纪》：“（按：以下所引为鸿门宴上事）沛公已出，项王使都尉陈平召沛公。沛公曰：‘今者出，未辞也，为之奈何？’樊哙曰：‘大行不顾细谨（大行，重大的行动；细谨，指细微谨慎的礼节），大礼不辞小让（大礼，本指隆重的礼仪，此当亦指大的行动；小让，小的指责）。如今人方为刀俎（俎，zǔ，切肉用的砧板；人为刀俎，是指楚项好比刀俎，正准备宰割），我为鱼肉（指汉刘是被切割的对象），何辞为？’于是遂去。”

樊 哙

【释意】

秦之后楚汉相争天下，项羽设鸿门宴，想借机把刘邦杀掉，大将樊哙勇敢机智地把刘邦解救出来，并让他赶快逃走，刘邦却担心有失礼节。樊哙急切地说：“现在人家好比是刀和砧板，而我们就是那砧板上的鱼和肉，哪里还能顾及那么多呢！”

【含义用法】

后比喻生杀大权掌握在他人手中，自己处于被宰割的地位。

如火如荼

【典源】

《国语·吴语》：“皆白常、白旂（qí）、素甲、白羽之矰（zēng），望之如荼（tú）……左军亦如之，皆赤常、赤旟（yú）、丹甲、朱羽之矰，望之如火。右军亦如之，皆玄常、玄旗、黑甲、乌羽之矰，望之如墨。”

【释意】

春秋时，吴王夫差亲自率领三万大军讨伐晋国。他把士兵排成了三个方阵，每个方阵一万人，十分盛大。中间方阵穿白衣白甲，树白色大旗，佩白色箭羽，远远望去，就像一片白色的野草花；左边方阵穿红衣红甲，树红旗，佩红羽，就像一片火海；右边方阵则一律是黑色，给人以威严深沉的气势。

【含义用法】

原比喻军容壮盛。后形容气势浩大，场面热烈，生机旺盛。

入木三分

【典源】

唐朝张怀瑾著的《书断》：“王羲之书祝版，工人削之，笔入木三分。”

【释意】

东晋时期，有一位大书法家名叫王羲之，后世尊他为“书圣”。相传朝廷曾请他在祭祀祝版上写一篇祝文，后来成帝要到北郊去祭祀，需要更换祝文，便让人把祝版上的文字刮掉重写。令人大吃一惊的是，王羲之当初所写的字迹竟然透入木板深达三分。

【含义用法】

原形容书法笔力遒劲雄健。后比喻见解深刻。

三寸之舌

【典源】

《史记索隐》：“《春秋纬》云：舌在口中，长三寸。”

【释意】

战国时，秦军包围赵国都城邯郸，平原君赵胜携门客毛遂去楚国搬救兵。楚王迟迟不答应平原君的请求。在紧急的关头，毛遂按剑而上，慷慨陈述利害，楚王终于答应出兵。回到赵国后，平原君夸赞毛遂说：“毛先生三寸之舌的威力远远强于百万大军啊！”

【含义用法】

后形容能言善辩，极有口才。

树倒猢狲散

【典源】

宋代庞元英《谈薮》：曹咏侍郎以秦桧之姻党而显，方盛时，乡里奔走承迎惟恐后，独其妻兄厉德新不然。咏衔怒，帅越时，德新为里正，咏风邑官胁治百端，冀其祈已，竟不屈。桧殂，咏贬新州。德新遣介致书于咏。启封，乃《树倒猢狲散》赋一篇。

【释意】

南宋时期，奸臣秦桧权势极大，无论谁与他有点关系，就会威风显贵。侍郎官曹咏同秦桧有姻亲关系，所以名声显赫，势高权大。当他的权势炙手可热之际，他家乡的人纷纷巴结他、奉承他，生怕有不周之处。惟独曹咏的一个妻兄，叫厉德新，不巴结曹咏。曹咏记恨在心，十分恼火，他在越地任统帅时，厉德新只在乡里当个小吏。曹咏暗示地方官吏百般刁难、威胁厉德新，要他向曹咏低头请罪，可是厉德新不肯屈服。后来秦桧死了，曹咏被贬到新州。厉德新写了一封信，派人送给曹咏。曹咏打开一看，乃是一篇赋，题目叫《树倒猢狲散》，对他依附秦桧，飞黄腾达进行了讥讽。如今秦桧死了，他也跟着倒台了，如同树倒了，树上的猴子也散了一样。

【含义用法】

“树倒猢狲散”就是从这个故事来的。猢狲，即猴子。人们用“树倒猢狲散”比喻权势一倒，依附的人随即纷纷散去。

泰 山 北 斗

【典源】

《新唐书·韩愈传》："自愈殁（死后），其言大行，学者仰之如泰山北斗云。"

【释意】

从晋朝开始，一直到隋朝，盛行老庄和佛教。到了唐代，文学家、思想家韩愈在思想界竭力尊儒排佛，在文学界反对六朝以来的骈偶文风，提倡"文以载道"的古文运动，在思想和文学上对后代产生很大影响，也因而受到高度评价。韩愈死后，他的主张得到进一步发扬，学者们对他的尊崇景仰之情如同仰望泰山和北斗星一样。

【含义用法】

古人认为泰山是高山的代表，而北斗星在众星中最亮，可依据它辨明方向。故后世用以比喻为众人所尊仰的卓越人物。

桃李不言，下自成蹊

【典源】

《史记·李将军列传》：太史公曰："传曰：'其身正，不令而行；其身不正，虽令不从。'其李将军之谓也！余睹李将军，悛悛如鄙人，口不能道辞。及死之日，天下知与不知，皆为尽哀。彼其忠实心诚信于士大夫也。谚曰：‘桃李不言，下自成蹊’，此言虽小，可以谕大也。”

【释意】

李广号“飞将军”，西汉名将，英勇善战，身经七十余战，使匈奴闻风丧胆。司马迁对他作了高度的评价。

司马迁说：“《论语·子路篇》说：‘统治者本身的行为端正，就是不发命令，老百姓也会主动去干；统治者本身的行为不端正，即使是发布了命令，老百姓也不会服从。’这说的就是李将军啊！为人身正，士兵都愿意为他效命。李广看上去诚诚恳恳，很像个质朴的乡里人，不擅辞令，不会花言巧语，他死之后，天下无论熟悉与不熟悉的人，都为之哀痛。他的忠实诚信已使士大夫感动了，信服了。谚语说：‘桃李不言，下自成蹊。’这里说的虽只是桃李，但可以比喻深刻的道理。”

【含义用法】

“桃李不言，下自成蹊”的（蹊，田间小路）意思是说，桃李不会说自己多么好吃，但人们纷纷去采摘，在树下自然踩出一条路。用以比喻有的人不尚虚名，但因为有实际成就或本领，众人自然都归附他。

桃李满天下

【典源】

汉刘向《说苑·复恩》：阳虎得罪于卫，北见简子曰："自今以来，不复树人矣。"简子曰："何哉？"阳虎对曰："夫堂上之人，臣所树者过半矣；朝廷之吏，臣所立者亦过半矣；边境之士，臣所立者亦过半矣。今夫堂上之人，亲劫臣于君；朝廷之吏，亲危臣于法；边境之士，亲劫臣于兵。"简子曰："……夫树桃李者，夏得休息，秋得食焉；树蒺藜（jí lí）者，夏不得休息，秋得其刺焉。今子之所树者，蒺藜也，非桃李也。自今以来，择人而树之，毋已树而择之。"

【释意】

武则天执政时，任命狄仁杰为宰相。他门生众多，先后从中举荐数十人给武则天，如夏官侍郎姚元崇、太州刺史敬晖等都是经他推荐的，并以廉洁清正、政绩突出而闻名。有人对狄仁杰说："天下桃李，悉在公门矣！"

【含义用法】

后比喻所引荐或培育的人才到处都有。

题　门

【典源】

《世说新语·捷悟》："杨德祖（三国时魏人杨修的字）为魏武（魏武帝曹操）主簿（掌管文书记事、起草文告的官吏），时作相国门，始构榱桷（榱，cuī，屋椽屋桷的总称；桷，指方形的椽子），魏武自出看，使人题门作'活'字，便去。杨见，即令坏之（将门拆毁，准备重作）。既竟，曰：'门中活，阔字。王正嫌门大也。'"

【释意】

三国时，魏人杨修资质聪敏。有一次，在修建相国门时，曹操亲自去工地视察情况，之后让人在门上写了一个"活"字而离去。杨修见了，便令拆掉重建。人们不知何故，杨修说："门中作活，是一阔字。魏王是嫌门太宽了。"

【含义用法】

"题门"的故事表现了杨修的聪明才智，后用以指人颖悟出众。

田忌赛马

【典源】

《史记·孙子吴起列传》：今以君之下驷与彼之上驷，取君之上驷与彼之中驷，取君之中驷与彼之下驷。

【释意】

战国时，齐国经常举行赛马，田忌经常与王族比赛。他们双方马力相差无几，都有上中下三等马。若以上等马对上等马，下等马对下等马，田忌将很难取胜。这时孙膑正在田忌家里作客，田忌便向孙膑求教。孙膑告诉他说："今以君之下驷与彼之上驷，取君之上驷与彼之中驷，取君之中驷与彼之下驷。"意思是：现在用你的下等马去对王族的上等马，以你的上等马去对王族的中等马，以你的中等马去对王族的下等马。田忌采用孙膑的办法，果然是败了一次，胜了两次。之后，田忌便把孙膑推荐给了齐威王，齐威王便尊孙膑为师。

孙膑

【含义用法】

"田忌赛马"，用来表示斗争的双方虽然势均力敌，但只要善于调整力量，是可以取得胜利的。

推梨让枣

【典源】

《南史·梁武陵王传》："兄肥弟瘦，永乏相见之期，让枣推梨，长罢欢娱之日。"

【释意】

孔融，字文举，东汉末年人。他小小年纪便聪明过人。四岁时候，一天长辈拿了一盘梨子让孔融弟兄们分食，因为孔融最小，就让他先拿。孔融走上前去，在盘里捡了一个最小的梨。长辈问他这是为什么？孔融回答："我人小，按道理该吃最小的嘛。"长辈们见他如此懂事知礼，都议论这小孩子不平凡。果然，孔融谦恭有礼，虚心好学，最后终于成为了著名的文学家。

王泰，南朝时梁国人，字仲通，从小聪明好学，举止稳重。在他几岁时的一天，祖母把孙儿侄子们召集在一起，享受温馨的家庭气氛。为了使场面更热闹，祖母特意把一大堆枣子、栗子抛散在床上，让孩子们去抢。孩子们一哄而上，争先恐后，只有王泰一个人静静地在旁边看着。大人觉得奇怪，问他为什么不去抢，他从容地说："我不

孔　融

去抢，祖母也会分给我的。”人们见他如此冷静，认为他将来一定有出息。王泰果然不负众望，长大后官至吏部尚书。

【含义用法】

后人用“推梨让枣”的典故形容少年儿童讲究礼貌，在亲友面前友爱谦让。

推心置腹

【典源】

《后汉书·光武帝纪》：“更相语曰：‘萧王推赤心置人腹中，安得不投死乎？’由是皆服。”

【释意】

西汉末年，刘玄称帝，封刘秀为萧王。为了稳定军心，刘秀将降将重新派回到原来所统领的部队带兵，到各营寨巡视之时只带几个随从。降兵们都感动地说：“萧王对我们已经做到推心置腹了，我们怎么能不替他卖命呢？”

【含义用法】

后指把真心交给对方，比喻真诚待人。

完璧归赵

【典源】

《史记·廉颇蔺相如列传》：于是王召见，问蔺相如曰："秦王以十五城请易寡人之璧，可予不？"相如曰："秦强而赵弱，不可不许。"王曰："取吾璧，不予我城，奈何？"相如曰："秦以城求璧而赵不许，曲在赵。赵予璧而秦不予赵城，曲在秦。均之二策，宁许以负秦曲。"王曰："谁可使者。"相如曰："王必无人，臣愿奉璧往使。城入赵而璧留秦；城不入，臣请完璧归赵。"赵王于是遂遣相如奉璧西入秦。

【释意】

战国时，赵国的惠文王得到楚国的宝玉"和氏璧"，秦昭王听说后愿以十五座城池为代价换取。蔺（lìn）相如带着和氏璧到秦国换城，拿到璧后的秦王却不肯交出城池，蔺相如设计拿回和氏璧后对秦王说："如果你言而无信，我就和这璧一块儿撞碎在柱子上！"秦王急忙答应说斋戒五日后交出城池。蔺相如趁机让人把和氏璧偷偷地送回赵国，秦王的阴谋也就没有得逞。

完璧归赵

【含义用法】

“完璧归赵”后比喻把原物完好无损地送还主人。

望梅止渴

【典源】

刘义庆《世说新语·假谲》：魏武行役，失汲道，军皆渴，乃令曰：“前有大梅林，饶子甘酸，可以解渴。”士卒闻之，口皆出水。乘此得及前源。

【释意】

一次曹操率军前行，士兵们口渴难忍，一时又找不到水源，行进非常缓慢。情急之中，曹操心生一计，对士兵们说：“前面有一大片梅林，有很多的梅子，又酸又甜，可以解渴。”士兵们一听，口中立刻生津，精神振奋，加快了行军步伐，不久也找到了水源。

【含义用法】

后比喻用空话或空想来加以安慰。

韦编三绝

【典源】

《史记·孔子世家》：孔子晚而喜《易》，序《彖》《系》《象》《说卦》《文言》。读《易》，韦编三绝。曰：“假我数年，若是，我于《易》则彬彬矣。”

【释意】

孔子在晚年的时候对《易经》产生了浓厚的兴趣，当时的书都是刻在竹简上的，为方便阅读，人们就用熟牛皮绳将它穿起来。孔子非常刻苦，经常翻阅这些竹简，因此牛皮绳不知被磨断了多少次。

【含义用法】

后用以赞誉人读书勤奋刻苦。

闻鸡起舞

【典源】

《晋书·祖逖传》：（祖逖）与司空刘琨俱为司州主簿，情好绸缪，共被同寝，中夜闻荒鸡鸣，蹴琨觉，曰：“此非恶声也！”因起舞。

【释意】

西晋末年，祖逖（tì）和刘琨是好朋友，又同为司州主簿，他们曾吃住在一块。一天夜半时分，刘琨被鸡叫声惊醒，他对祖逖说：“它是让咱们早起练功啊。”说完，他们起床舞起剑来。从此，二人天天坚持练武，最终都显赫一时。

【含义用法】

后形容志士发奋自励，勤奋学习。

卧薪尝胆

【典源】

《史记·越王勾践世家》载：春秋时，越国被邻国吴国打败，越王勾践被吴俘获。为雪会稽之耻而复国，勾践佯归心效忠吴王夫差，骗得吴王信任，方才被释放回国。“吴既赦越，越王勾践反（返）国，乃苦身焦思，置胆于坐，坐卧即仰胆，饮食亦尝胆也。曰：‘女（即汝，此为自称自己）忘会稽之耻邪？’”此事又见东汉赵晔《吴越春秋·勾践归国外传》：“越王念复吴仇非一日也……愁心苦志，悬胆于户，出入尝之，不绝于口。”

【释意】

春秋时期，吴国战败越国，越王勾践被迫向吴国称臣，于是被放回。勾践回国后，把全部精力放在发展生产和训练军队上。他时刻不忘国耻，舍弃豪华的宫殿，住在柴草棚里，并将一只苦胆悬挂在床前，每次吃饭睡觉前总要尝尝胆汁的苦涩。几年后，越国积聚了足够的力量，一举击败吴国，终于复了仇，雪了耻。

【含义用法】

后形容人刻苦自励，立志报仇雪耻。

卧冰求鲤

【典源】

晋干宝《搜神记》卷十一："王祥，字休徵，琅琊人……母常欲生鱼，时天寒冰冻，祥解衣，将剖冰求之，冰忽自解，双鲤跃出。"

【释意】

卧冰求鲤

东汉末年，琅琊人王祥在母亲去世后，受到继母的虐待，但他却仍然像对待生母一样恪尽孝道。一年冬天，父母都病倒了，王祥知道继母爱吃鲤鱼，便跑到河边解开衣服，打算用体温把冰化开，然后捕捉鲤鱼。上天深受感动，当他刚伏下身，冰就融化了，并从水中跳出了一对大鲤鱼。王祥把鱼拿回了家，给父母做了一顿鲜美的鱼汤。

【含义用法】

后形容子女极其孝顺。

胸有成竹

【典源】

宋苏轼《文与可画筼筜（yún dāng，长在水边的大竹子）谷偃竹记》：“故画竹，必先得成竹于胸中，执笔熟视，乃见其所欲画者急起从之，振笔直遂，以追其所见，如兔起鹘落，少纵则逝矣。”

【释意】

苏轼是北宋时期著名的文学家、书画家，对画竹说过一句非常有名的话：“画竹，必先得成竹于胸中。”这是他根据当时名画家文同的画竹经验总结出来的。

文同，字与可，自号笑笑先生，人称石室先生。他诗文书画皆精，尤其爱作水墨画。在水墨画中，又最擅画墨竹。他画墨竹，首创竹叶用深墨色、背景为淡墨色。用这种色调画出来的竹子，浓淡相宜，潇洒得体，惹人喜爱。

文同以画墨竹成名，求他画竹的人络绎不绝，他也有求必应。有人送来好绢好纸。碰到他情绪好的时候，他就奋笔挥洒，画个不停。画好后，就任凭人家把画取去。但后来由于求画的人越来越多，他就感到厌烦，不再轻易作画了。但越是这样，他的墨竹画越是被人们视为珍宝。求画人往往摆好笔墨纸砚请他来画，但他常常借故不到。即使把绢、纸送到他家，他一两年也不画。

苏轼题竹

文同所以画竹画得这么好，也是他长期艰苦努力的结果。为了画好竹子，文同曾经在一个竹子茂密的山谷里建造了一座亭子。一有空，他就在那里观察四周竹子的长势，研究它的各种形态和特征。时间一长，文同也悟出了一个道理：竹子从萌生到长成，有一个完整的过程。所以平时心胸中就要有完整的竹子形象，等要画的时候，一抓住对象，便一气呵成地画下它。就像鹘抓兔子一样，稍一迟缓，兔子就会逃得无影无踪。

当时，苏轼比文同小十九岁，曾经虚心地向文同学画墨竹。他学得很成功，以致后来有人请文同画墨竹的时候，文同就对来人说："我们画墨竹的这一派中，画得最好的，要算是苏轼了。你们不妨到他那里去求画吧！"

苏轼向文同学画墨竹，并不是只学老师的技法。他领悟了文同画墨竹取得成功的真谛，即他总结出的经验："画竹，必先得成竹于胸中。"

【含义用法】

后人以"胸有成竹"为典故，来说明事先已有充分的准备或把握，再去做某件事，便会非常顺利，容易成功。

经典国学口袋书

01 周易
02 道德经
03 庄子
04 论语
05 孟子
06 大学·中庸
07 孙子兵法
08 三十六计
09 百战奇略
10 六韬·三略
11 山海经
12 左传
13 战国策
14 史记·本纪
15 史记·世家
16 史记·列传
17 汉书
18 后汉书
19 三国志
20 吕氏春秋
21 资治通鉴
22 中国通史
23 中华上下五千年
24 贞观政要
25 中国古代文化常识
26 中国古代名言警句
27 徐霞客游记
28 容斋随笔
29 金刚经
30 忍经·劝忍百箴
31 忠经·孝经
32 智囊
33 梦溪笔谈
34 本草纲目
35 黄帝内经
36 菜根谭
37 小窗幽记
38 颜氏家训
39 围炉夜话
40 曾国藩家书
41 诗经
42 楚辞
43 古诗
44 唐诗三百首
45 宋词三百首
46 元曲三百首
47 千家诗
48 豪放词
49 婉约词
50 世说新语
51 笑林广记
52 古文观止
53 唐宋八大家散文
54 诸子百家名句赏析
55 四书五经名句赏析
56 二十五史名句赏析
57 古代散文名句赏析
58 古代诗词名句赏析
59 红楼梦诗词名句赏析
60 阅微草堂笔记
61 闲情偶寄
62 三字经·百家姓
63 幼学琼林
64 声律启蒙·弟子规
65 千字文·增广贤文
66 对联
67 俗语
68 谚语
69 歇后语
70 格言联璧
71 中华寓言故事
72 中华典故故事
73 中华成语故事
74 中国十大喜剧故事
75 中国十大悲剧故事
76 中国皇帝传
77 中国皇后传
78 中国宰相传
79 中国将帅传
80 白话聊斋

三 秦 出 版 社

地处周秦汉唐千年古都西安的三秦出版社，建社30多年来始终以弘扬和传播优秀传统文化为己任，依托三秦大地无比丰厚的历史文化积淀，出版了大批特色鲜明、极具文化传承价值的精品图书，创造了良好的社会效益和经济效益。为顺应构建全民阅读时代、建设书香社会的需求，我社经充分调研策划，从浩如烟海的国学宝库中精心遴选，编辑出版了“中华经典国学口袋书”系列丛书，包含经史子集、诗词曲赋、笔记信札、经典名句等80部精品佳作，内容精粹，外观精美，便于携带，定会为您居家出行增添颇多书香雅趣。

72－7 【汉宫春晓图】卷 局部 [清] 院本 中国台北故宫博物院藏

72－7　【汉宫春晓图】卷 局部［清］院本　中国台北故宫博物院藏